人生の節

fushi

人生の旬

shun

道友社編

道友社

人生の節　人生の旬

目次

（筆者の職業と年齢は、平成二十七年九月現在のものです）

人生の節　人生の旬

節に生かされて

小塚久美子（こづか・くみこ）
教会長夫人・54歳・島根県

「教祖《おやさま》は、この節をどう乗り越えれば喜んでくださるのだろう。少しでも教祖のお心に近づかせていただきたい」

これは、私が二年半前にがんを患い、生きながらに運命を変えていただこうと努めるなかで、いつも心の指針としてきた思いです。

「諭達第三号」ご発布の月、思いがけず胃がんの宣告を受けました。手術が必要でしたが、大教会創立百二十周年記念祭まで二十日に迫った時でしたので、病院にお願いして先に延ばしていただき、記念祭の翌日に入院。胃の五分の四と胆嚢《たんのう》を摘出しました。

順調に回復していると思っていた一カ月後、医師から「胃の切り口に、まだがんが残っていました。もう一度手術させてください」と、思いもよらない事実を告げられ、頭のなかが真っ白になりました。

病院を出るとすぐに上級教会へ行き、会長様と奥様に報告しました。そこで会長様から、親心あふれる言葉を頂きました。

「もう一度、仕切り直し。みんなでしっかり心を定めて、たすけていただきましょう。今度は、おぢばの病院へ行かせてもらいましょう」

私は、〝親神様がおぢばへお引き寄せくださった。おぢばで教祖にたすけていただくんだ〟と、悲しみのどん底にあった心に光が差し込んでくる思いがしました。

けれども、「憩《いこい》の家」で手術台に乗ったとき、怖くて逃げ出したい気持ちでいっぱいになりました。そのとき、私はハッとしました。いままで自分の思いに沿わないことを避け、神様の思いとは違う方向へと逃げていたのではないかと思ったのです。

すると、大勢の方がおつとめの地歌を唱和する声が聞こえてきました。不思議と心が落ち着いて、手術を受けることができました。あとで聞くところによると、上級教会では、私のたすかりを願って、手術時間に合わせてお願いづとめをしてくださったとのことでした。

十四時間の大手術を無事に終え、最初の手術で摘出した胆嚢と残してもらった胃のほかに、膵臓《すいぞう》、脾臓《ひぞう》、十二指腸の、合わせて五つの内臓器官を切除しました。手術後は、つらい日々の連続でした。高熱と、痛み止めの副作用による幻覚・幻聴、全身に水が十キロも溜《た》まるなど、元気だった身体《からだ》が一気に〝病気のデパート〟です。

でも、こうした苦しみを味わうことは、必ず人だすけに役立つんだと信じることで、〝大丈夫、いまは神様が見せてくださっているんだ〟と、前向きに乗り越えられたと思います。

入院中、ありがたいことに、私は一日六回のおさづけを取り次いでいただきました。そこで、個室から大部屋へ移ったのを機に、私もおさづけの取り次ぎを始めました。

声がほとんど出なかったので、初日は一人の方に取り次ぐのがやっとでした。次の日は二人、次の日は三人と、取り次がせていただけるようになり、このころから少しずつ身体が楽になっていきました。

一カ月半で退院しましたが、食べられないため栄養失調になり、また、抗がん剤の副作用から肝臓も悪化して、一カ月半の再入院となりました。

合わせて三カ月の入院生活のなかで、たくさんのがん患者の方との出会いがありました。皆さん、それぞれ先の見えない不安を抱えながら、つらい治療に耐えておられます。身上に込められた親神様のメッセージを知っていただき、なんとか少しでも喜びを見つけてほしいと思い、そのことをお伝えしました。

そのなかで、喜べることなどないと言われる方は、必ず「あんたは喜べるか?」と、私に聞いてこられます。

「私は、がんになったのが家族でなくて、自分でよかったと喜んでいます。それと、こんな素晴らしい病院で、良い先生の、良い治療を受けられていることも。もしも住んでいる所が医療の届かない場所だったらと思うと、ありがたいですよね」とお答えすると、「ほんまにそうやなあ」と、顔つきが明るくなられます。同じ身上だからこそ、私の話も聞いてくださったのだと思います。

内臓器官が五つもないのは私一人でしたから、「あんたは、点滴していなかったら、普通の元気な人にしか見えないよ。わしら、一つ取ったぐらいで泣き言を言っていたらあかんな。あんたを見てると元気が出る」とか、「五つなくても生きていられるんやなあ。人間の身体ってすごいなあ」などと、よく言われました。

がんになって本当に喜んでいるかというと、まだ喜べているわけではありません。しかし、この身上を頂いたからこそ見えてきた、たくさんの喜びがあります。失ったものは大きいですが、得たものはもっと大きかった。大きな節を頂いたからこそ、私みたいな頑固者は、心の掃除ができたのでしょう。

私のたすかりのために、たくさんの方から真実を頂きました。おさづけの取り次ぎやお願いづとめをしてくださった人たち。皆さまの誠真実を親神様がお受け取りくださって、いま、私は生かされているのだと思います。

また、この節を頂いて、初めていんねんの自覚ができました。親々の代からの信仰で、代を重ねて成人の道を進めるためには、いんねんの自覚が大切です。初代が入信し、また、それに続く親々が一生懸命に勇んでこの道を通ってくださったおかげで、私のたすかりもあったのだと思います。

「人を救《たす》けるのやで」「あんたの救かったことを、人さんに真剣に話《はなし》さして頂くのやで」と、教祖は仰せられました。これからも、教祖にお喜びいただける道を目指して、ご恩報じに歩ませていただきます。

両親の足跡

服部教子（はっとり・のりこ）
教会長夫人・44歳・愛知県

母は会長宅の玄関で、声を殺して泣いていました。私は女子青年の部屋で、そのか細い声を聞きながら一緒に泣きました。

父は二十歳のころ、当時、櫻井《さくらい》大教会の奥様に電車の中で声をかけられ、お道の信仰と出合いました。初めて聞く親神様のご守護、教祖のひながたに感銘を受けた父は、愛知の「布教の家」でお世話になった後、そのまま名古屋で布教を続け、昭和四十八年、親の声を受け、事情教会の復興をさせていただく運びとなりました。

借地借家の小さな教会で、一番上の私をはじめ四人の子を抱えて、両親は無我夢中の日々であったろうと思います。また、父も母も関西出身なので、聞き慣れぬ名古屋弁と習慣の違いで、戸惑うことも多かったと思います。さらに、教会という舞台は全く未知の世界で、ただ導いてくださる先生方の言葉を素直に受けとめ、がむしゃらに通っていたそうです。

父は入信前、交通事故で足を負傷しました。伸びきった左足は曲がることなく、歩く姿に特徴があります。そんな体ではありますが、畑を借りて作物を丹精しては近所に差し上げたり、支部の先生に習った大工仕事を生かし、頼まれると道具を片手にどこにでも出掛けたりしていました。

そんなある日、父は農業用の草焼きバーナーで、畑とその付近の除草をしていました。ついでにお隣の家の草もと、布団屋さんの仕事場周辺の除草を始めました。親切心からだったのですが、あろうことか火は倉庫の綿に燃え移り、瞬《また》く間に勢いよく広がりました。綿や布地などの商品から、ミシン等の機械もありましたが、火は一棟丸ごと呑《の》み込んでしまったのです。

ちょうどそのころ、近くの公民館で町内会議が行われていて、皆さんが駆けつけて消火を手伝ってくださいました。住宅密集地であるにもかかわらず、隣近所には燃え移らず、その仕事場だけに留《とど》まったこと。人命に被害がなかったこと。後になって落ち着いて考えると、これらは大きなご守護であったと思うのですが、そのときの状況を想像するにつけ、おぢばで離れて暮らす私の目からも涙があふれて止まりませんでした。

古い城下町で、旧商店街の一角の狭い家を改造して神殿をこしらえ、神様をお祀《まつ》りして歩み出した教会。よそ者扱いの壁を越えて、ようやく信頼関係を築き、ただひたすら御用に励んでいる両親と、欲しいものをねだることなく、共に歩いている小さな弟たちに、これから降りかかるであろう事々を考えると、神様の思いはどこにあるのか、思案に暮れました。案の定、それまで仲が良かった布団屋さんとの付き合いは途絶え、残ったのは借金と、教会の目の前の焼け跡でした。

一緒に住んでいない分、心配は募り、町内の視線につらい思いをしていないか、どんな思いで焼け焦げた骨組みの前を通り、そこに身を置いて生活しているのか、考えただけで身の縮む思いでした。

冒頭の場面は、父も母もあれこれ思案し、おぢばの会長宅に足を運び相談していたころの私の記憶です。まだ未熟だった私は、誰にどう相談すればいいか分からず悶々《もんもん》としていましたが、ふと『天理時報』の一面に掲載されていた、教祖のお言葉が目に入りました。

「子供の方から力を入れて来たら、親も力を入れてやらにゃならん。これが天理や」

このお言葉が頭から離れず、何か明るいものを感じ、気持ちが救われたような気がしました。〝両親は頑張っている！ 神様も応援してくださっている〟という、希望に満ちた心に切り替わったのです。

その後、借地借家であった教会は、別の地域に広い場所をお与えいただきました。父は、弟とともに神殿や神饌場《しんせんば》、教職舎の改築を行い、賑《にぎ》やかに教会生活を送って、三年前に出直しました。

母は、離れた場所へ移転したにもかかわらず、時々、元の地域のご近所さんから連絡を頂き、会いに出掛けているそうです。

そしてそこには、あの布団屋さんの奥さんも来てくださるということです。

やっと気がついた

中村盛彌（なかむら・もりや）
布教所長・68歳・大阪府

私の信仰は二代目です。父が目のお手入れをご守護いただいて入信したのです。実母の顔を知らず、継母のもとで育ち、子供のころは、いつも心が晴れませんでした。そんな私を、所属教会の会長様をはじめ教会の方々が温かく見守ってくださったおかげで、今日まで道からそれずに通ることができました。とはいえ、皆さんに付いていくだけの受け身の信仰だったと思います。

成人の鈍い私に、神様は見るに見かねて、六十一歳になる時を待って節を与えられました。

いまから七年前の二月のことです。夕飯前に変な色の尿が大量に出ました。痛みはありませんが、濃い紅茶のようでした。異常に思い、尿道結石でお世話になっている病院へ行き、精密検査を受けました。「腎臓がんです」と主治医から直接告げられ、頭のなかが真っ白になりました。それから何を説明されたのか、全く覚えていません。

その夜、所属教会に夫婦で参拝して、会長様に報告しました。突然のことでびっくりしておられましたが、会長様にお話ししたことで、「成ってくるのが天の理」と、心を静めることができました。その後、「憩《いこい》の家」病院への紹介状を書いていただき、気持ちも落ち着いてきました。

「憩の家」では、いろいろな検査を受け、途中で検査入院もありました。そのため仕事も一旦休職して、入院の日まで夫婦で教会日参を続け、会長様におさづけを取り次いでいただきました。

がんの発見から三カ月後の五月十四日に手術をしていただきました。先生のお話では、かなりご苦労があったようで、「ほかの病院だったら断っていたでしょう」と言われました。やはり「憩の家」でよかったと安堵《あんど》したものです。

術後の経過は良好で、三週間後に退院できました。ただし、十年間の通院が必要とのことでした。それでも一カ月の休職で職場復帰でき、徐々に身体《からだ》を慣らしながら、仕事のほうも以前のようにスムーズにこなせるようになりました。

あるとき私は、仕事を再開してから薬を一切服用していないことに、ふと気づきました。がんといえば、誰もが思いつくのが抗がん剤です。いろいろな方とお話ししていて、私が抗がん剤を使用していないと分かると、皆さん驚かれました。それで、ものすごいご守護を神様から頂いていることに、ようやく気がついたのです。

成人の鈍い私ですが、さすがにこれは申し訳ないと思い、そこでまず始めたのがリーフレット配りです。当初、張りきってスタートしたのはいいのですが、夏場はなかなか自分の思うようにいきません。身体が以前のように戻っていなかったので、特に暑さにはまいってしまいました。

その後、所属教会が創立百周年を迎えることから、教会の近辺を回り始めました。その翌年には大教会創立百二十周年と旬が続くので、それまでに別席を運んでくださる方をご守護いただこうと心定めし、新たな気持ちでリーフレット配りを再スタートしました。

私は三十代後半から五十代前半まで個人宅を回る営業の仕事をしておりましたので、おかげで断られても、嫌《いや》な顔をされても、陽気な心で回ることができました。神様は先回りして勉強させてくださったのです。

そんななか、頭に浮かんだのが、私が四十八歳のとき仲人《なこうど》をした会社の部下の男性です。当時、別席を運んでいましたが、離婚してしまい、途中で止まっていたのです。急ぎ連絡を取り、一から運び直すように頼みましたら、思うところがあったのか了解してくれました。しかも、おさづけの理拝戴《はいたい》後、すぐに私におさづけを取り次いでくれたのです。そのときは嬉《うれ》しくて涙が止まりませんでした。

もう一人、営業の仕事をしていたときに、おさづけを取り次がせていただいたことのあるご婦人がいました。もう十七年が経過していましたが、時折、お道の話をしたり、『天理時報』を読んでいただいたりしていました。また、息子さんに起こった事情についても相談に乗っていました。

このご婦人にも、なんとかこの旬にたすかってもらいたいと思いました。八十四歳とご高齢でしたが、大教会の創立百二十周年のお礼団参の際に、別席を運ぶようお願いしたところ、承諾してくださいました。その方は、神様のお話が聞けてよかったと感謝されています。

腎臓がんという大きな節がなければ、自ら進んで行動できなかったと思います。これ以後も、おさづけを取り次がせてもらえる方や、お話を聞いてくださる方もお与えいただいています。教祖百三十年祭の〝仕上げの年〟、教祖にお喜びいただけるよう、日々勇んで歩んでおります。

親の声を頼りに

大矢典子（おおや・のりこ）
教会長・61歳・東京都

小学二年生の春、私は父に連れられて、天理教婦人会の路傍講演を聞きに行きました。演台の上で婦人の布教師が、力強く教えを説いておられました。

父が私に言いました。

「典子、おまえもあの婦人さんのように、神様のお話をする人になるんだよ。おまえは神様に病気を治してもらったんだから、神様にご恩返しをするんだよ」

私はびっくりして、「お父さん、それはいつすればいいんですか」と聞くと、「神様がおまえを必要とされるときだよ」と返ってきました。

小学校に入学してすぐの健康診断で脊椎《せきつい》カリエスと判明し、私は、都立病院に入院しました。それから一年八カ月、寝たきりの入院生活を送りました。当時の治療法は、ギプスに入り、身体《からだ》を動かすことなく安静を保つというものでした。あおむけに寝たままで過ごす日々は、やんちゃ盛りの七歳の子供にとって、つらく過酷な毎日でした。

両親は、単独布教から昭和三十年に教会を設立し、勇んでたすけ一条の道を通っていました。四女の私が身上になったことで、両親の布教により一層拍車がかかりました。

そのおかげで、私は身上のご守護を頂きました。

当時、臨床が始まったばかりの抗生物質・ストレプトマイシンが劇的に効果をあらわし、投与後数カ月で完治したのです。耳が聞こえなくなるなどの強い副作用が起きる人もいましたが、私は副作用が一切なく、すっきりとご守護いただきました。

寝たきりのつらかった日々から、急激に元気になることができたのは、子供心にも〝これは神様のおかげだ〟と強く感じています。そこに父の「将来、神様の御用をするんだよ」という言葉は、強く心に響きました。

以来、〝いつ神様の御用をするんだろう〟と、子供心に不安に思っていましたが、いつしか〝いつ神様からお呼びがかかっても対応できるようにしておこう〟という、前向きな心に変わっていきました。そして、積極的に信仰を求めるようになりました。

こうして父の言葉が、私の信仰の元一日となりました。

二十歳を過ぎ、当時付き合っていた主人との間に結婚の話が出てきたときも、「私は親神様との約束があって、いつか天理教の御用をするようになるかもしれませんが、それでもいいですか」と、まず了解してもらいました。信仰初代だった主人は、進んで別席を運び、ようぼくになってくれました。

それから数十年、初代会長の父が出直し、兄が二代会長を継いで、私ども姉妹は兄の手足となってつとめるという、父の生前の願い通りに歩んでいました。しかし、その兄が身上になり、会長を続けることができなくなって、高齢の母が代務者になるという事情が起こりました。

次の会長を決めるに当たり、皆で話し合いました。その結果、母の意向もあって、主人の協力のもと、私が三代会長の理のお許しを頂くことになったのです。教祖百二十年祭の年の三月二十六日、五十二歳の時でした。

こうして父との約束を果たす日が、思わぬ形でやって来ました。この日のために親神様に無い命をたすけていただいたんだと自覚し、以来、届かぬながらも、母、姉妹、信者の方々の助けを借りて、教会の御用をつとめさせていただいております。

また、大教会長様から「五年以内に神殿普請をするように」との〝旬の声〟を頂いて、初代からの念願であった普請に着手し、多くの信者の方々の誠真実を頂いて、予定通り完成させることができました。親の声は誠にありがたく、親の声を頼りに通らせていただいていれば間違いないと確信しております。

亡き夫に支えられ

中井貴美江（なかい・きみえ）
介護支援専門員・72歳・兵庫県

私が介護支援専門員（ケアマネージャー）の仕事をするようになって、今年九月で八年目を迎えます。

阪神《はんしん》・淡路《あわじ》大震災の年、何か人の役に立つ仕事をしたいと思い、ホームヘルパーの資格を取りました。それ以前にも、向かいの家の方に夕食を作ってほしいと頼まれて、洗濯や掃除もしていました。ヘルパーの資格を取ってから施設で勤め始めましたが、六十三歳のとき、体力的に現場の仕事に自信がなくなりました。でも、これで終わるのは心残りだったので、夫に相談して、ケアマネージャーの資格を取る決心をしました。

夫からは、「若い人と違って何年も勉強できないから、この一年にかけなさい」と言われました。二月から取りかかり、午前中はヘルパーのパートへ、午後一時から五時まで図書館へ通いました。夏はクーラーで体が冷えるので、長袖にレッグウォーマー、膝《ひざ》かけ持参です。夜は八時から十時まで机に向かいます。夕食の片づけも夫がしてくれました。カラオケも習い事もやめ、平成十八年十一月、一回の受験で合格しました。

すぐに友人から「事務所を作るので手伝ってほしい」と声がかかりました。パソコンが全くできなかったので、教室へ通いながらケアマネの仕事をしました。夜遅くなると、夫が事務所まで迎えに来てくれました。

それほど頼りにしていた夫が、平成二十年九月十四日、出直しました。

夫は毎年八月に、地域の子供たちを集めて自由研究の講座を開いていました。元々中学の理科教師だったので、退職後は自治会のお手伝いをしながら、夏休みの自由研究講座を楽しんでやっていました。夏休みが終わると、すぐに来年の資料集めに掛かります。誰にでも優しく、近所の方からも頼りにされて、不登校の子も勉強に来ていました。私は行き当たりばったりの性格ですので、どうしてこんなに気が付くのかしらと思うほどでした。

夫は発病から一カ月で出直してしまいました。あまりにも呆気《あっけ》なく、私は考える間もありません。ただ言えるのは、私には申し分のない夫だったということです。きっと夫は「もう自分一人で頑張りなさい」と言いたかったのだと思います。友人からも、「中井さんがケアマネージャーになれたのは、ご主人からのプレゼントやね」と言われました。

ケアマネの仕事では、一カ月に三、四回の市内研修があります。私は一つでも頭に残ればいいと思って全部出席しているので、よく「研修に中井さんあり」と言われます。市内で最年長のケアマネですが、つらいと思ったことは一度もありません。

利用者の方は、さまざまな宗教を信仰しているので、私から宗教の話はできません。先日、ある方から「中井さん、何か信仰していますか。もしや天理教では……」と聞かれました。「ほかのケアマネさんと、考え方や気の配り方が違うわ」と。とても嬉《うれ》しかったです。

どんな利用者の方でも、こちらが低い心で接していけば心を開いてくださいます。夫の出直しから七年が経《た》ちますが、陰ながら夫が支えてくれているせいか、なぜか物事がうまく治まっていきます。姿、形こそ見えませんが、私の心にいつもいてくれる夫に「ありがとう、愛しています」と言いながら、いまの仕事ができることに感謝する毎日です。

きっと喜べるときが来る

甲斐宣行（かい・のぶゆき）
教会長・75歳・大分県

私の父と母は昭和十四年九月、旧満州《まんしゅう》の旅順《りょじゅん》で、一夜にして三歳と五歳の男の子を亡くしました。当時、その地ではやっていた病によるもので、周囲でも幼い子供が大勢、犠牲になっていました。

このときが、両親の信仰にとって大きな節目でした。お道の信仰を始めてから、この息子たちの前にも二人の幼子を亡くしていて、このときは一度に二人という、とても耐えがたい大節でした。

父と母は悲しみと絶望に打ちひしがれて、江口栄太郎会長の前に座り、そして流れる涙を拭《ぬぐ》おうともせず、必死の思いで訴えました。

「会長さん、私たちはなぜ、このような悲しい目に遭《あ》わなければならないのですか？　私たちは会長さんの言われる通りに今日まで教会につながってきて、私たちなりに、お道の信仰を守ってきたつもりです。それなのに、一晩に二人の幼子を亡くさねばならんというのは納得がいきません。なにかの間違いじゃありませんか？　私たちは、どうにもやりきれません」

江口会長は静かに端座し、慈悲深い眼差《まなざ》しで、この悲嘆に暮れる若い夫婦を見つめ、その思いを十分に汲《く》み取ってやろうという姿勢で耳を傾け、一つひとつ頷《うなず》いていました。そして、おもむろに口を開き、二人に語りかけました。

「あなた方の二人の子供は、神様が甲斐家の先々のためにお引き取りになったのじゃ。いまは、この子たちは甲斐家の二十年、三十年先のためには引き取ることが大事と思召《おぼしめ》されたのだから、神様のなさることに不足してはならん。きっと喜べるときが来る。いまは分からんでもいいから、いままで通り、しっかり通りなさい」と、優しくも毅然《きぜん》として、理の筋道を明白に説いてくださいました。

このとき両親の心に、すぐに会長のお話が治まったわけではありませんでした。しかし、会長のお言葉よりほかに縋《すが》るものはありませんでしたので、差し伸べてくださった手にしがみついたのでした。

翌春、五男である私が生まれました。両親をはじめ祖母も、悲しみが幾分癒《い》やされて明るい日々が戻ってきたころ、江口会長は母に厳しい口調で諭されました。

「この子を連れておぢばへ帰り、別科（修養科の前身）に入学して、引き続き講習を受けてきなさい」

両親は、あれこれ相談しました。そのころの母は病弱で、大勢の人たちに交じって修養生活をするのは、とても無理だと思えました。それでも母は、生後半年の私を連れて、おぢばでの生活を始めました。

この歳月は、母にとって苦労の連続だったそうですが、おかげで心も体も見違えるほど丈夫にしていただき、元気に満州へ帰ることができました。

昭和十八年に弟が生まれ、一家に明るい光が差して、幸せなひと時をお与えいただきました。しかし、間もなく父に召集令状が来ました。父は戦地へ赴き、家には母と中風《ちゅうぶう》になった祖母、まだ五歳の私と二歳の弟の四人が残されました。

こうして終戦となり、満州からの引き揚げが始まりました。母は冬の満州を、動けぬ祖母と幼い子供二人を連れ、大勢の人たちとの中にさまよいました。二歳の弟を背負い、毛布でくるんだ祖母を片手で引っ張り、もう一方の手で私の手を引いて、生死を懸けた長い旅を続けました。

ようやく母の故郷へ引き揚げてきても、誰一人として手助けをしてくれず、橋の下や、あばら家を転々としました。

ある夕暮れ、江口会長が私たちの住むあばら家を見つけて、訪ねてきてくださいました。江口会長は九州の博多《はかた》に引き揚げておられましたが、「甲斐さんの里は大分県の中津《なかつ》であった」という、その記憶だけを頼りに何日も探し回り、やっと見つけてくださったのです。なんとしても私たちをたすけてやりたいとの親心からだと思います。

以来、母の布教が始まりました。間もなく父がシベリアから、病を得て帰還しました。父は修養科に入り、元気になって、一家を支えてくれるようになりました。母の布教にもますます拍車がかかり、昭和三十三年に布教所を開設。四十年には、教会設立のお許しを頂きました。そして平成二十七年の秋、教会は創立五十周年を迎えます。

昭和十四年の秋の日、二人の可愛《かわい》いわが子を一夜にして亡くし、悲しみに暮れる両親に、江口会長は「この子たちは、神様が甲斐家の先々のためにお引き取りになった」とおっしゃいました。この節がなければ、母は幼い私を連れて、おぢばで修養生活を送ることはなかったでしょう。その伏せ込みがなければ、あの厳しい引き揚げの道中を通りきることはできず、したがって、いまのわが家も教会も存在していませんでした。このことを思案するとき、二人の兄たちの出直しは、甲斐家の未来のための大きな礎《いしずえ》になったのだと確信できます。

わが家の信仰は、こうした親のお導きによって今日を迎えることができたのです。江口会長の口癖は「何ごとも、神さんでなかっちゃあ、ならんのじゃ！」であったと聞いています。時には全く無慈悲に思える言葉も、親神様のお働きを信じきる信仰信念が治まっていれば、人間を真に救うことができるのだと、あらためて深く感じ入っています。

ハンディを押しのけ

中村千代子（なかむら・ちよこ）
主婦・69歳・香川県

「教師になろうと思う」

娘の悦子《えつこ》が言った。神戸の大学に進み、春休みで帰省中の彼女は、四月から二回生になる。中学生のころから目標にしていた職業である。私は笑顔で頷《うなず》いたが、心の内は穏やかでなかった。

〝やっぱり教師になりたいのだ。でも、それは無理だろう〟

平静を装うのがつらかった。この子は自分にハンディはないと思っているのだろうか。それとも、夢をたぐり寄せるためなら、そんなことは問題でないのだろうか。私が気にし過ぎなのかと自問しながら、娘と生きてきた二十年近くの年月を振り返った。

悦子は結婚後一年目に生まれた第一子である。安産で五体満足、髪の毛もふさふさとして可愛《かわい》い子だった。

異常ではないかと思い始めたのは生後一カ月くらいからだった。夜も昼も眠らない。ミルクも少ししか飲まない。生まれたときは平均以上あった身長と体重は、健診のたびにマイナスが記されるようになった。三歳児になっても、就学時の検査でも、体格は平均より大きく劣っていた。母から見ると、まだ赤ん坊のように思えた。

「えっちゃん、すぐに分かってええなあ」

運動会のとき、近くにいた父兄に言われた言葉が突き刺さる。

「えっちゃん、勉強ばっかりさせよん？　外で遊ばないね」

そんな嫌《いや》みな声も聞こえた。外遊びは嫌いで、読書が大好き。いくら外へ出しても、すぐに帰ってきて本を広げる子であった。

体格も体力も、同級生とますます差が開いていた。小学五年生になった春、町の保健師さんが家を訪ねてきた。

「娘さん、一度、病院で検査しますか」

身体的に異常があるかもしれないということで、県立病院で一泊二日の検査入院をした。結果、体も知能も問題ないということが分かりひと安心したものの、中学生になっても身長はあまり伸びないままであった。

ある日、悦子は学校から飛ぶように帰ってきて言った。

「お母さん、わたし先生になるわ。粂谷《くめたに》先生が、えっちゃんは教え方がうまいから先生になりなさいと言ったんよ」

嬉《うれ》しそうだった。それから高校受験に向けて頑張り始めた。学校ではみんなに好かれ、友達が多いのが母として慰めになった。

「えっちゃん、高校生になったらウルトラマンより大きくなれよ」

中学校卒業時に、男の子からもらった微笑《ほほえ》ましいサイン帳の言葉を、いまでも忘れない。娘は笑いながら見ていた。この子は強いなあと、あらためて思いながら、私も一緒に笑った。

高校の英語の教師になるという最終目標を決め、私と娘は中学時代の恩師・粂谷先生を訪ねた。

「教師になりたいなら、学科試験は一番になるくらいの覚悟で臨みなさい」

先生は毅然《きぜん》として言った。同時に、同じ女性として私にも寄り添ってくれ、元気を下さった。

大学にいるときも、家に帰ってからも、娘の頭のなかには教員採用試験のことばかりが渦巻いていた。長期休暇の折には大教会に参拝し、集まっているようぼくのお子さんたちとともに英語を学ぶこともあった。教会内におられる、英語を熟知した皆さまとの語らいなどで、ストレスをうまく解消させてもらっていた。

教育実習も無事に終え、いよいよ採用試験の日がやって来た。二十二歳の夏、娘は人生の節目の日を迎えたのである。燃える太陽と同じように、娘の瞳《ひとみ》もギラギラ輝いている。試験科目のなかには、苦手な体育もある。不利かもしれない面接もある。粂谷先生がおっしゃったように、学科試験で一番を取り、ハンディを押しのけて頑張れと祈った。

秋の気配が漂い始め、結果発表は県庁で行われた。壁面に張られた合格者の氏名を追っていく。あった！　思わず声が出た。もう一度確かめようと目を凝らすが、涙でかすんで字が見えない。なりふり構わず、目を閉じ手を合わせた。

娘が教師になって、二十四年が経《た》とうとしている。教える喜びよりも、難題に突き当たることが多いようだ。円形脱毛症は、もう何年も治らない。私は黙って見守るだけである。

先日、娘と二人で百貨店へ行った。

「えっちゃーん」

遠くから、イケメンの青年が走ってくる。娘はニコニコして手を振っている。

「えっちゃん、まだ学校かわってないん？」

気さくに話しかけてくる。友達感覚で話し合っているが、教え子のようだ。こんなに楽しそうな娘はめったに見ない。嬉しくなった。

バイバイと言って去っていく青年の後ろ姿が清々《すがすが》しい。娘は横でまだ笑っていた。

夫婦でもたれきり

高木みちえ（たかぎ・みちえ）
教会長夫人・48歳・京都府

主人が二代会長のお許しを頂いたのは、教祖百三十年祭に向かう三年千日の二年目、平成二十六年十月のことです。ちょうど教会創立三十周年に合わせての就任でした。教会長のお許しを頂く半年前まで、教会から少し離れたアパートに主人と私、子供二人の四人で生活していましたが、教会へ戻ってくるようにとの父の言葉により、引っ越し準備をしているさなか、主人が脳梗塞《こうそく》で入院するという節を見せられました。

私が仕事から帰ると、主人が「朝から呂律《ろれつ》が回りにくいんや。今朝《けさ》、上級の奥様から電話があったんやけど、〝ありがとうございます〟が言われへんねん」と言うのです。

そう伝える言葉もたどたどしく、これはただごとではないと感じました。

すぐに病院へ行こうと言いましたが、病院嫌いの主人は「大丈夫や！」と繰り返すばかり。それなら教会に参拝しようと、主人を連れ出しました。会長である父に主人の状態を説明すると、「すぐに診てもらったほうがいい」と。主人も意を決したのか、参拝を済ませると病院へ向かいました。

検査の結果、脳幹に梗塞が出来かかっており、このまま入院してすぐに治療しなければ、とのことでした。医師の説明によると、ＭＲＩの画像にうっすら白く見える影が梗塞部分で、これが出来上がると影が濃くなってくる。そして、そこは命にかかわる場所なので、これから梗塞が進むにつれ、呼吸困難になることもあると。呂律が回りにくいだけで、まだ自分で歩いている主人を見て、「呼吸困難？」と信じられない気持ちになると同時に、全身の力が抜けていくのを感じました。

その晩、主人を病院に残して帰宅した私は、しばらく呆然《ぼうぜん》と座り込んでしまいました。いつ病院から電話がかかってくるかもしれないという恐怖感を抱きながら、何もできずに、どれだけ時間が流れたのか分かりません。そんなとき、ふと「やっぱり親神様にお願いするしかない。教会を離れて生活し、月次祭こそ欠かさずつとめてはきたが、毎月やって来る一つの行事のようにこなしてきたのではないか」と、自分の心の未熟さに気づきました。すでに教会へ戻る準備を進め、主人も教会長になるつもりではいましたが、それも流されるまま、仕方のないことだとさえ思っていたのです。

親神様におもたれするしかないと思い立ち、てをどりを始めました。ところが、おぢばで勤務していたころは、十二下りの地歌も手振りもすべて覚え、何も見ずにお手を振れたのに、途中で何度も止まってしまったり、間違いに気づいてやり直したりで、自分でも驚くくらい時間がかかりました。これだけ気持ちがお道から離れていたのかと、ショックを受けました。

それでも、親神様にお詫《わ》びしつつ、主人の身上ご守護を願いながらてをどりをするうちに、気持ちが落ち着いてきて、主人を病院に導いてくれた両親への感謝の気持ちが湧《わ》いてきました。

みかぐらうたが進むにつれ、親神様の親心が感じられ、胸がいっぱいになりました。

緊急入院した翌朝、病室でいつもと変わらない主人の顔を見たときは、少し安堵《あんど》しました。以降、病室で毎日おさづけを取り次がせていただき、十二下りを毎晩つとめさせていただきました。恐れていた呼吸困難を起こすこともなく、ほとんど後遺症もなく、十日間で退院できました。

その後、主人は教会長任命講習会を無事に修了し、十月にお運び、十一月に会長就任奉告祭・創立三十周年記念祭を勤めさせていただくことができました。これも、ひとえに前会長夫妻の支えはもとより、部内布教所長の方々、信者の方々のお力添えのおかげです。

三年千日の〝仕上げの年〟に入り、さらに神様からのお仕込みを頂いておりますが、節を乗り越えるたびに、教会全体が勇んでくるのを感じています。以前よりも親神様・教祖を身近に感じられるようになりました。何も心配せず、夫婦で手を取り合って、人だすけの道を歩ませていただきます。

混沌たる時代だからこそ

谷口利隆（たにぐち・としたか）
布教所長・70歳・和歌山県

わが家の前に住む永山君は、妻と一歳になる男の子の三人家族で、オートバイや車が大好き。その日も四輪のバギー型オートバイ（ヘルメットが不要）に乗って、仕事に出掛けた。

夕方、仕事を終えての帰り道、軽乗用車と衝突し、意識不明の重体となった。面会謝絶の病室へ、おたすけに通わせてもらったが、退院を迎えた彼は、妻と子供の存在を全く覚えていなかった。記憶喪失だった。

リハビリを重ねて、平仮名や数字も思い出し、家族とコミュニケーションをするなかで徐々に記憶もよみがえり、仕事にも復帰したが、脳へのダメージもあってか性格が粗暴になった。自宅前で度々、自分の車を足で蹴飛《けと》ばすなどして、家族を困らせた。見かねて私が仲に入ると、おとなしくなった。

交通事故により脳に障害を受けた、もう一人の知人がいる。「こどもおぢばがえり」に小学二年生で参加した木下君だ。十九歳のとき、友達のオートバイの後部座席から投げ出され、コンクリート製の電柱で頭部を強打。意識不明の重体となった。

両親からの連絡で病院に駆けつけ、ベッドに横たわる彼の姿に驚いたが、必死におさづけを取り次いだ。五十日目にして意識が戻り、車いす生活となった彼を、私は別席に誘った。

正座もできない、座りづとめのお手も振れない彼を見て、「九席まで運ぶだけでも」と思い続けたが、ある日、彼のひと言で、自分の大きな間違いに気づかされた。「もし事故でこんな身体《からだ》になっていなかったら、もっと大きな事故や事件で両親を悲しませていたと思う。だから、ちょうど良かったんや」。私はこの言葉で、安易な気持ちで彼と向き合ってきたことを恥ずかしく思った。

それからの彼は、回廊で車いすを降り、礼拝場の畳の上をにじり進み、やがて八席目には正座に近い形で座って、たどたどしい手つきながら、おつとめの手を振れるようになった。いよいよおさづけの理を戴《いただ》く日、教祖殿の最後の階段で両脇を支えられながらも、無事に拝戴《はいたい》することができた。


菊池君には知的障害がある。家族四人で「こどもおぢばがえり」に参加してくれた縁で、彼が成人してから別席へお誘いした。平仮名だけは読めたので、「お誓いの言葉」を大きな字で手書きし、繰り返し声に出して読む練習を重ねた。初席の日、お誓いの場で一言一句、最後まで読み終えた彼に、掛の先生が「よく頑張ったね」と声をかけてくださった。おつとめの手振りの練習も重ね、おさづけの理を拝戴することができた。

彼は滋賀県の施設に入所中、和歌山の自宅に帰りたい一心で無断外出し、一人で天理へ向かったことがある。本部神殿に到着し、参拝を終え、また電車を乗り継いで、自宅に帰ってきた。

後日、彼に「どうして天理へ行ったの？」と聞くと、「こどもおぢばがえりで家族と何度も行った天理へ行きたくなった」と答えた。さらに「神殿で何をお願いしたの？」と聞くと、「頭が賢くなりますように。がんになりませんように」と拝んだという。その言葉を聞いて、私たちの心は和んだ。

人が生きてゆく形はさまざまで、健常者であっても障害者であっても、目に見える表面的なことだけにとらわれず、親神様から命を頂き生かされている喜びを噛《か》みしめて、通らせていただきたいと思う。

いま、毎月短い文章で「お道の教え」を印刷したチラシを配りながら、戸別訪問をさせていただいている。ある日、チラシに印刷している電話番号を見て、一本の電話がかかってきた。「天理教の話を聞きたい」と言われるので、毎回いろいろな資料を持って通わせていただいた。

電話をしてきた久子さん（当時四十七歳）も、同居していた男性も、統合失調症を患っていた。それから毎月、おぢばへ帰るのを楽しみに別席を運び、久子さんはおさづけの理を拝戴したが、大阪へ移り住んでから転居を重ね、連絡がつかなくなった。

しばらくして大阪の警察から、久子さん死去の連絡があった。急いで霊安室に駆けつけると、天涯孤独の身であった彼女が棺《ひつぎ》に横たわっていた。警察の身元確認で、私の住所を書いたものを最後まで持っていたことが分かったのだった。私は告別の詞《ことば》をおくり、よろづよ八首を奉唱して彼女を見送った。

彼女の人生のなかでの六年間のお付き合いであったが、お道の教えにふれ、おぢばの土を踏み、おさづけの理を戴いて出直したことが、生まれ替わってくる彼女の来生につながってほしいと願わずにはおれなかった。

こうしたいくつかの出来事から、親神様の大きく深遠なるご守護と、人間に下されたたくさんのメッセージを深く読みとり、今日も天に届けと拍子木を打ち鳴らしながら、よろづよ八首を奉唱して神名流しを続けさせていただいている。

（文中の人名は仮名です）

教祖に守られて

椿　京子（つばき・きょうこ）
自営業・57歳・千葉県

「あっ、走ってる！」

心のなかで叫んだ私は、思わず「ありがとう」と言って左足をさすった。

完治したはずの先天性股関節脱臼《こかんせつだっきゅう》の左足が痛み始めたのは中学二年のとき。「こどもおぢばがえり」に初めて参加し、おぢばの荘厳な雰囲気に感動した年のことだった。大学病院では手術を勧められたが、ベッドの空きがなく、高校受験を控えているとの理由で手術は見送られた。

その後、結婚や教会長資格検定講習会の受講といった人生の節目には、必ず足に痛みを覚えた。その都度、心定めをすると痛みが消える、を繰り返してきた。手術の宣告から四十年もの間、痛み止めの注射一本も打つことなく自分の足で歩けたのは、お道の信仰のおかげだ。

四年前の秋のこと。高齢の両親に、もう一度おぢばの土を踏ませてあげたいとの一心から、マイクロバスでの帰参を敢行した。脳梗塞《こうそく》から半身不随の後遺症を持つ八十一歳の母を、一つ年上の父が献身的に介護していた。五年に及ぶ老老介護生活を送る両親にとって、遠いおぢばへの参拝は容易ではない。途中、母の身に何が起きても娘の私が責任を持つという、決死の覚悟で臨んだおぢば帰りだった。

何度も後部座席に設けた寝床で休むよう促したものの、「外の景色を楽しみたい」と母は言い、歌を口ずさみながら、よく食べ、よく笑い、心配していたバスの乗り降りも難なくこなした。命懸けで連れていく覚悟の私は、すっかり拍子抜けしたが、子供のようにはしゃいで喜ぶ母の姿を見て、父もまた嬉《うれ》しそうだった。

こうして二泊三日の楽しい旅を終えて帰宅。疲れ知らずの母は、すぐに旅の報告がてら、お土産《みやげ》を友達に届けたいと言う。私は一休みしたいと思いながらも、車いすを押して近所の友人宅へ向かった。

しかし、留守の様子。所々に庭石を敷き詰めた敷地内で、六十キロ近い母の体重と、それを乗せる車いすの重さが、疲れた私の足には想像以上の負担になった。段差を乗り越えるには、力を振り絞って押し続けなければならなかった。

「ぐしゃり！」。音こそ聞こえなかったが、このとき、弱っていた足の骨が潰《つぶ》れた気がした。この友人は母の留守中に急逝し、その日はお葬式が執り行われていたことを、後になって知った。

この日を境に、左足に激痛が走るようになり、仕事や家事に支障を来すようになった。かかりつけの整形外科の医師から「変形性股関節症」が、すでに末期状態であると聞かされた。「なぜ？」と、教祖に問いかけた。「親を喜ばせたばかりの私が、なぜこんな目に遭《あ》うの……」。何かのお知らせに違いないとは思いながらも、神意を計りかねた。

痛みから解放されたかった私は、手術に否定的だった医師の元を離れ、人工股関節を入れようと決意した。手術当日、教会と自宅では手術時刻に合わせて、会長ご夫妻と、布教所長である夫の母が、それぞれ真実込めてお願いづとめを勤めてくださった。おかげで手術は成功した。

翌朝、実家の弟からメールが入った。父が倒れて救急車で病院へ搬送されたという。ほどなく、今度は電話がかかってきた。「父が出直した」と。

長年の介護疲れで父の心身が弱っていたことは知っていたが、あまりにも急な出来事だった。術後間もない私は、病院から外出許可をもらい、娘の介助を受けながら母と二人、車いすを並べてお通夜に参列した。私の身を案じていた父は、手術の成功を聞いてホッとしていたという。

三週間の入院中、手術と父の出直しに加え、もう一つ、驚きの体験をすることになった。実は、手術前の検査でC型肝炎の感染が見つかったのだ。退院後、地元の総合病院で精密検査を受けた後、医師から説明があった。

「確かに、C型肝炎に感染しています」と切りだされ、「はあ」とため息交じりに返事した。医師は、「感染したにはしたのですが……」と言った後、こう続けた。

「何らかの形で、それが体外へ出ています。だから治療の必要もありませんので、もう来なくてもいいです」

診察の順番を待つ深刻な顔つきの患者さんたちには申し訳ないと気づかいながらも、小躍りしそうなくらい、嬉しさが込み上げてきた。会計を待つ間、これまでの経緯を教会の奥さんにメールで報告すると、「それはすごいご守護ですよ！」との会長さんの言葉が返信されてきた。このとき、あらためて親神様・教祖に守られていることを実感した。医師の言う「何らかの形」こそ、親神様のおはたらきだと確信できたからだ。

手術に否定的だった、かかりつけ医の指示を振りきって、私に手術を決意させたのは、あの「親孝行のおぢば帰り」後に足の激痛があったから。さらに、C型肝炎が消えるというご守護も頂いた。こうして教祖が導いてくださったからこそ、現在、快適な暮らしを送ることができるのだ。

教祖百三十年祭を控え、私は「ご守護の先取り」を頂いたと思っている。だから、悩みを持つ方に希望を持っていただけるように、この体験を一人でも多くの人に聞いてもらいたいと思う。足を引きずって歩いていた私が走っている姿を父が見たら、優しく微《ほほ》笑《え》んでくれるに違いない。

救いの言葉

是永記里子（これなが・きりこ）
教会長・55歳・青森県

平成十九年十二月二十七日、本部月次祭に参拝するため帰参していた主人に代わり、息子たちと教会の留守を預かっていた早朝のことだった。夜の明けきらぬ薄暗闇のなか、突然大きな爆発音が鳴り響き、「火事だぁ！」という長男の叫び声が聞こえた。漏電による火災だった。瞬《また》く間に、教会は燃えさかる炎と煙に包まれた。私は煙を吸い込み、一瞬で意識を失った。

そこから先のことは記憶にない。後で聞いた話によれば、長男と次男は咄嗟《とっさ》に、そばの窓ガラスを叩《たた》き割って脱出。そのとき、長男が倒れている私をたまたま目撃し、自分の身体《からだ》の一部が燃えているのも構わず、無我夢中で私を窓の外へ引きずり出した。その直後に二度目の爆発が起こったというから、間一髪のことだった。

身体の大部分をやけどした私は、意識不明のまま県立中央病院のＩＣＵへ運び込まれた。レントゲンに写し出された私の気道は、深刻な熱傷により真っ黒になっていたという。ようやく意識が回復したのは、火災から九日後のことだった。大晦日に一度、危篤《きとく》状態に陥《おちい》ったが、奇跡的に持ち直しての目覚めだった。焼けただれた喉《のど》の奥から声を絞り出すことができず、高熱が身体を蝕《むしば》んだ。

弘前《ひろさき》大学医学部附属病院へ移され、右半身の損傷部分に皮膚を移植する手術を、三度にわたって施された。二度目の手術のときには、出血多量のため再び危険な状態に陥り、ここでも死の危険にさらされた。ミイラのように包帯をぐるぐる巻きにされ、責め苛《さいな》む痛みが、一分一秒という時の経過を果てしなく長いものに感じさせた。

しかし、それよりももっと過酷な追い打ちが待っていた。症状が一進一退を繰り返す二月、「大事な話がある」と主人が話を切りだした。「……孝《こう》ちゃんが出直した」。そう告げると、主人は号泣した。私の状態を慮《おもんぱか》って、ずっと伏せていた三男の死を、どう打ち明ければよいものかと、主人はずっと悩んでいたのだ。

まだ十歳だった末っ子の孝次がもういないという事実を知らされ、私もベッドの上で泣き崩れた。それからは、子を失った悲しみで、精神的に不安定な日々が続いた。不幸中の幸いは、全身を走る凄《すさ》まじい痛みが止めどなく襲い、結果的にそれが、虚無感に取り込まれる余裕さえも与えてくれなかったことだ。

悲しみに暮れる毎日も、いつも主人がそばに寄り添い、支えてくれたから、心を倒さずにいられた。どんなときでも私を受けとめてくれる大きな優しさに救われ、徐々にではあるが復調の兆しが見え、やがて立ち直っていくことができた。

たくさんの方々の真実によって、わずか一年で焼け跡に新しい神殿が建った。「大きな節だった。だが、弘一條《ひろいちじょう》はこれからだ。地域に根差した教会を目指し、たすけ一条に邁《まい》進《しん》しよう」。教会長である主人を芯に家族は団結し、前へ進んでいく誓いを新たにした。

数年かけてようやく、いろいろなことが整理できかけてきた。平成二十四年の秋季大祭で「諭達第三号」をご発布いただき、教祖百三十年祭に向けて「さあ、これから夫婦二人で三年千日、にをいがけ・おたすけに歩かせていただこう」と決意した。その翌朝、主人は山名《やまな》詰所の一室で、眠ったまま静かに息を引き取っていた。まだ働き盛りの五十二歳。昨晩まで何の予兆もなく、勇んで十二下りを踊っていたのに。

あまりに突然のことで、私も息子たちも訳が分からなかった。大黒柱がいなくなってしまったことを実感できず、現実を受け入れるまでに時間がかかった。あんなにもお道が大好きで、人を笑わせるのが得意だった主人が、どうしていま、このタイミングで出直さなければならなかったのか。「なぜですか、どうしてなんですか？」と、悲痛な声で神様に訴え続けた。

主人が出直してから一カ月後、主人と懇意にしていたある先生が、遠方から訪ねてこられた。私たち親子は、その先生の言葉に救われた。

「人間は誰しも、いつかは出直すのです。それが早いか遅いかは神様が決めることで、我々にはどうすることもできません。是永先生はきっと、来生で待っている彼にしかできない御用をつとめるために、今生の御用を終えて足早に旅立たれたのです。きっと、すぐに奥さんの近くに生まれ替わってこられます。教祖は、夫様やお子様に先立たれたでしょう。奥さんはいま、まさにそのひながたの道をたどらせていただいているのです。

これを生き節に変えるためにも、すべきことがあるはずです。これからは外に向かって、おたすけに歩かせてもらうのです」

あれから二年半の時間が流れた。現在、私は主人の遺志を引き継ぎ、弘一條分教会の三代会長をさせていただいている。思い起こすと、本当に目まぐるしい数年間だった。教会長を任されたとはいえ、身体に刻まれた大きな後遺症により、不自由することばかりで、満足な働きができているとは言い難《がた》い。

それでも、やけどで欠損した右手人差し指を見るたびに思う。損傷の激しい人差し指すべての切断を医師から勧められたとき、最低限の切断だけに留《とど》めてくれるよう懇願してくれた主人。おさづけを取り次ぐたびに私は、この指を通して主人の優しさを思い出す。ようぼくとして生きる道を、私に残してくれたのだ。

共に苦難を乗り越えてきた息子たちは、いまでは使命感に燃える若き布教師へと成長し、私を支えて教会を盛り立て、今日も街中を駆け回っておたすけに勇躍している。そんな息子たちに負けてなどいられない。

さあ、元気を出そう。私たちは、まだこれからなのだ。

老老介護のありがたさ

為田紀久男（ためだ・きくお）
大教会役員・75歳・高知県

昭和四十六年四月、詰所の竣工《しゅんこう》に伴い、私たち夫婦は詰所勤務をさせていただくことになりました。「この家へやって来る者に、喜ばさずには一人もかえされん」との教祖の御心を胸に、日夜、帰参者の世話取りに励ませていただきました。修養科生とともに起床し、ひのきしんに、夜の修練に、妻は炊事や女鳴物の指導にと、有意義な詰所生活でした。

年月が流れ平成八年、妻の突然の変わりように驚きました。履物は右左反対に履き、服も前後反対に着る、たったいまの出来事を忘れる、といった様子です。しばらく様子を見て「憩《いこい》の家」を受診すると、「若年性アルツハイマー型認知症」との診断でした。五十六歳でした。医師からは「この病気は、治療法も薬もありません」と説明され、ただ呆然《ぼうぜん》としました。

その数年前から、私は「憩の家」事情部でおたすけの御用をさせていただいていました。妻の病状は年とともに進み、部屋での徘徊《はいかい》や独り言が始まり、食事もそこそこに、夜もあまり寝ない日が続きました。「奥さんは、あと十年くらいでしょうね」との医師の言葉に、妻のことは神様にお任せして、病む人のたすかりを願い、おたすけに励ませていただきました。

ある日、おたすけから帰ってくると、妻がタンスの角で頭を打ち、絨毯《じゅうたん》を血で染めて倒れていました。顔色もなく、病院へ運んで頭を五針縫いました。このころから、寝てもすぐに起き上がる、また寝かすの繰り返しで、朝まで休めません。妻が夜中に「親神様・教祖、私がどんな悪いことをしたというのですか？」と問い、「すみません、私が悪いのです」と自問自答していました。また、「死にたい、死にたい」と大声を出すので口を塞《ふさ》ぐような日が何日も続き、「親神様、せめて今夜だけでも休ませてください」

と、お願いづとめをした夜もありました。

妻は十年くらい前からベッドに寝たきりとなり、動きも弱って、おむつ生活となりました。ものも言えず、手足を動かすのもままならぬなか、唯一、私が口に運ぶ食べ物は嚙《か》んで食べます。二十四時間、天井を向いたままですが、生きるために一番大切な食べる働きをお与えいただいているのは、どんなにありがたいことかと、感謝の心でいっぱいでした。

五年前に詰所を引き、大教会へ帰らせていただきました。月一回の往診があり、私は毎日おさづけを取り次ぎます。

年祭に向けての心定めとして、地域の人たちに喜んでいただけたらと思い、五十数年前、青年づとめ時代にさせていただいていた駅のトイレ掃除を思い出し、その日から今日まで続けています。きれいになったトイレに野山の花一輪を添えると、雰囲気も変わり、利用者に気持ちよく使っていただけます。また、駅で出会う人に、ひと言のにをいがけができ、チラシを配ると喜んでいただきます。

一年三百六十五日、雨の日や雪の日、台風の日もあり、高齢の私には大変なときもありますが、習慣になれば楽しくなります。続けることで力になり、皆さまが喜んでくださることで、私と妻に元気を頂いていると信じています。

人からよく「介護は大変ですね」と言われます。確かに読んで字のごとく、大きく変わりました。それまでの妻のつとめをすべて私が引き受けることになり、そのうえ民生委員の御用も加わって、有意義な日々であります。

妻の介護は全介助ですから、洗面、歯みがき、爪切り、おむつ替え、食事、着替えなどをします。また、老いても女性として美しくありたいだろうと、化粧や顔のマッサージもし、時には口紅をつけ、「お母さん、今日もきれいだよ」と、声をかけてチュッとすると、声には出しませんが「ありがとう」の思いが顔から伝わってきます。

在宅での介護は大変ですが、家族のふれ合いがあり、孫の声に元気を頂いています。病院の先生も「奥さんは奇跡ですよ。この年で、しかも要介護度五で、口でものを食べられる。本当に不思議です」と言われます。医師から「あと十年」と言われていたのに、来年で二十年になります。考えてみれば、二十年にわたって介護をさせていただけたことは、何よりのご守護であります。

一昨年、金婚式を迎えることができました。本当にありがたいことに、妻の身上について、三代真柱様が心にかけてくださり、ご心配くだされていたとのことで、もったいなくも、ありがたい限りでした。

また、認知症の正しい知識や実情を地域社会の皆さまに啓発するうえから、家族会とともに「認知症よりそいかるた」を作り、お披露目には知事や市長さんも応援にかけつけて、関心を寄せてくださいました。介護者として心掛けていることは、される側に、人間として良い生き方をしたいという気持ちを持っていただき、体を通して気持ちよい生活を感じてもらうようにすることだと思っています。

妻がベッドの上でも、教祖百三十年祭を迎えることができれば、これほどありがたいことはありません。たすけ一条にお引き寄せいただいたようぼくとして、どうでも、その使命を果たすなかに、親神様・教祖にお喜びいただく成人があり、これこそ年祭への最高最大のお供えであることを固く信じています。

今日もこうして老老介護のできるありがたさに感謝したいと思います。

姑と嫁の心が一つに

永井幸子（ながい・さちこ）
前教会長夫人・89歳・愛知県

私は一信者の娘でしたが、縁あって、愛一《あいいち》分教会の永井精一郎《せいいちろう》初代会長ご夫妻の息子であった主人と結婚することになりました。ひさ江奥様は、この結婚に反対だったようで、「うちの息子は教会の後継ぎだから、別れてもらいたい」と言われたこともありましたが、上級の愛静《あいせい》分教会（当時）の澤田常五郎《さわだつねごろう》初代会長様の仲立ちで結婚式を挙げさせていただきました。

教会の嫁という立場になりましたが、それまで私はご飯を炊いたことも、味噌汁《みそしる》を作ったこともありませんでした。ひさ江母は何も教えてくださらず、住み込みの方々がいろいろと教えてくださいました。

初代会長である父が出直してから、母は愛静の教養掛として、おぢばに常住するようになりました。愛静の月次祭には帰ってこられるのですが、そのとき必ず愛一へ寄り、「こんなことでどうする。もっとしっかりおたすけをしなくては」と、いつもお仕込みくださいました。

考えてみれば、母は愛静一のおたすけ人と、澤田惣一郎《そういちろう》二代会長様がいつも言っておられました。そんな素晴らしい母を持っているのだから、もっともっと親神様・教祖のお供をして、にをいがけ・おたすけに打ち込まなくてはと、その都度、母の言葉を胸に刻み込もうとするのでした。

ある日の夜、娘の高校の担任の先生が訪ねてこられました。先生は「実は、お宅の娘さんは勉強する気がないようです。気のない娘さんに三年間もお金をかけることはないですよ」と、露骨に言われました。よく聞いてみると、校則は守らないし、毎日遅刻してくるとのことで、「学校を辞めていただきたい」とまで言われました。

青天の霹靂《へきれき》とはこのことだと、私は思いましたが、主人は黙って聞いていました。そして「よく分かりました。いろいろお手数をかけて、申し訳ありません」とお詫《わ》びしました。先生は、「まだ休みまで一週間あるから、来たければ来てもいいですよ」と言って帰られました。

主人は娘に、「高校を辞めたら愛静に住み込ませていただけばよい。しかし、一週間は学校へ来てもよいとのことだから、学生生活の最後だと思って真面目に行くならそれもよし、自分で決めなさい」と言いました。娘は泣きながら「一週間だけでも早く行って、一生懸命に勉強する」と約束し、翌日から真面目に通いました。

母として、娘のことで悲しい思いをさせられるのはなぜなのか。私はこの節に対して、私の心づかいのどこがいけなかったのかと、親神様・教祖に真剣にお伺いしました。ふと思いついたのは、これまで一度も母に口ごたえをしたことはなかったものの、心のなかでは刃《やいば》を向けていたかもしれないということです。神様は、心通りの守護とおっしゃいます。やはり私に親不孝の心があったのだと、深くお詫び申し上げました。

その日の夜十一時ごろ、神殿から聞こえる柏手《かしわで》の音が母のそれにそっくりなので行ってみると、母が深々と、何度も何度も頭を畳にこすりつけて参拝していました。終わるのを待って会長室へ案内し、いつも母の座るところへ座布団を出してお茶を入れようとすると、「お茶は後でいいから、あんたさん、この座布団に座ってください」と言われます。「もったいない、それはお母さんの座布団だから」とお断りしても、どうでもこの上に座ってくれと言われるので、渋々半分だけ座らせていただきました。そして、今日はいつも聞かせていただく三十分くらいのお話を、しっかり聞いて自分のものにしようと思いました。

するど、母は「今朝《けさ》、ご本部の神殿で参拝していたら、声が聞こえてきたのよ。『おまえは嫁が悪い、出来の悪い嫁をもらったと思っているが、嫁が悪いのではなく、おまえの心が悪いのだよ。それが分からないのか』と。そのお声を聞かせていただき、矢も楯《たて》もたまらず飛んできたの。この二十五年間、自分のことは棚に上げて、あんたばかりを責めて本当に申し訳なかった。どうぞ、至らぬ母を許してください」と、頭を畳にこすりつけて、何度も何度も謝られるのです。私も「私のほうこそ出来が悪く、心配ばかりかけて申し訳ありません」と、二人で頭の下げ合いをし、手を取り合って涙しました。

それから一週間が過ぎた日、娘の担任の先生が来られました。私は、いよいよ今日で娘の学校も終わりかと、割と冷静に、清々《すがすが》しい気持ちでいました。

するると先生は、「娘さんはこの一週間、本当に真面目につとめてくれました。しかも、このクラスは学校始まって以来の良くないクラスだったのが、お宅の娘さんのおかげで、一週間の間に学校始まって以来の良いクラスになりました。退学と言っておりましたが、職員会議で取り消され、残りの二年間も頑張ってもらおうということになりました」と言われます。そして「どうも、ご心配かけてすみませんでした」と、ペコペコ頭を下げてくださったのです。

長い間の嫁姑《しゅうとめ》問題が、娘の節を通して治まり、母はその後、何があっても私に相談してくださるようになりました。以来、今日まで、親神様、教祖、歴代の会長様方のお見守りを、心から喜ばせていただいている日々でございます。

祖母の人生の五つの節

友成嘉治子（ともなり・かじこ）
無職・77歳・徳島県

祖母は昭和三十一年八月六日、広島の原爆の日に出直した。私が高校三年の夏休みのことだった。父は祖母の枕元で「よろづよ八首」を唱え、私は「ばあちゃーん」と大きな声で泣き叫んだ。

肝臓がんであったが、当時の田舎では高度な医療を受けられず、家で療養しながら自然な死を迎えた。祖母は最後に「あー、おかげでたすかった」と言って息を引き取った。七十歳であった。祖母の言った「おかげ」とは、何であったのか。いまにして思うと、それは親神様・教祖のおかげと言ったのだと思う。

私が物心つくころから、折々に聞きかじった祖母の人生の節を、五つほど記したいと思う。

一つ目の節は、最初に嫁いだ夫に出奔されたこと。婚家に取り残されたために離縁して実家に帰り、のちに祖父のもとへ再婚してきたそうだ。その最初の婚家の近所にあった天理教の教会に、よくお話を聞きに行っていたので、再婚してからも参拝に行こうとしたが、祖父は天理教を嫌っていた。

私が幼い日、祖母に「山に蓬《よもぎ》を摘みに行こう」と言われて、手籠《てかご》を持って付いていくと、ひと山越えて教会に連れられていったことを思い出す。帰りは籠いっぱいに蓬を摘んで、祖父に内緒で参拝していたのだ。

二つ目の節は、家が火事に見舞われたこと。その際、村の人々に大変お世話になったので、男の子供には教育を受けさせ、村に恩返しのできる人間にしたいと考えた。七人の子供のうち四人の息子は、長男は師範学校、次男は旧制広島文理科大学、三男は旧制高等工専、四男は新制大学の学芸学部へと進んだが、昔の水呑《の》み百姓であり、経済的には並大抵の苦労でなかったはずだ。

長男である父は、師範学校だったので授業料はかからなかったそうで、教師になって俸給をもらったなかから、弟の大学の学費を賄《まかな》っていたと聞いている。

三つ目の節は、私の父がまだ母と結婚する前に、神経衰弱（ノイローゼ）になったこと。変なことを口走ったり、暴れたりして家族を困らせたが、祖母が参拝している教会へ連れていくと、おとなしくなったそうだ。それを何度も繰り返したのか、教会に泊まり込んだのかは詳しく聞いていないが、そのとき祖父は反対しなかったのだろうか。とにかく父は回復し、母と結婚して三年後に私が生まれた。

父の残した日記には、神経衰弱のことは書いていないし、私が物心ついてからも、その病気らしい様子は全く見られなかった。そして、地元小学校の校長を最後に退職してからも、教育委員長を務めたり、地域の子供たちに剣道（六段だった）を教えたりして、祖母の希望した「村に恩返しのできる人間」になっていた。

四つ目の節は、長男の嫁である母が肺ジストマ症（肺吸虫症《はいきゅうちゅうしょう》）という病気になったこと。血を吐いたりしたので、昔のこととて検査もせず、「結核」ではないかと疑われた。このとき弟も生まれていたので、祖母は五歳の私と二歳の弟の面倒を見ながら家事をし、母を修養科へ行かせた。昭和十八年一月から三月にかけてのことだ。

母は元気になり、今年一月に白寿を迎えることができた。昔の嫁は、結核などになれば離縁されても仕方ないところを、祖母は母を、命の生まれ変わりができるおぢばにやって、親神様にお縋《すが》りしたのだ。

五つ目の節は、三男である叔父《おじ》が、工専を出て労働基準局に勤めていた二十五歳のころ、小学三年生くらいの女の子を連れた未亡人（三十歳くらい）と職場恋愛して、結婚すると言いだしたことだ。当時、私は中学生になっていたので、はっきり覚えている。叔父が二階に籠城《ろうじょう》して下りてこず、父や祖母が階下から、思い直すようにと諭しているのを何度も聞いた。結局、叔父の思いが通ったのか、結婚を許されて転居先の新居浜《にいはま》で暮らしていたが、しばらくして叔父は心臓麻痺《まひ》で急死した。二十七歳であった。

子に先立たれても、泣いたり愚痴《ぐち》ったりする祖母の姿を私は知らない。その嫁さんは一度、叔父の子を身ごもったが流産していた。そのことも、「神さんが先回りして、嫁さんが子育ての苦労のないようにしてくれたんやな」と言っていたらしい。

祖母のこの五つの節は、私の知る大きな節と思われる事柄だが、戦中・戦後の苦しく貧しい時代ゆえの、世間の人々と同じ苦労もあったことだろう。そのなかを、親神様・教祖の教えをひたすら信じきって通ってくれたおかげで、家が治まり、祖母につながる子や孫、曾孫《ひまご》の代になって幸せな姿をお見せいただいているものと、本当にありがたく思う。

三度の手術の果てに

田中　博（たなか・ひろし）
会社役員・44歳・岐阜県

平成二十三年十二月のこと、目のかすみが気になり、診察を受けたところ、大脳深部に腫瘍《しゅよう》が見つかった。腫瘍が視神経を圧迫することで視野狭窄《きょうさく》を起こしていたのだ。

後日の精密検査で「頭蓋咽頭腫《ずがいいんとうしゅ》」と診断された。脳の深部の腫瘍のため、摘出手術が難しいとされている。どんな病気なのか、かすむ目で資料を読み調べるうちに恐ろしくなった。有効な治療方法は摘出手術のみで、投薬治療の選択肢はない。腫瘍自体は良性で、全部摘出できれば根治できるが、取り残した微量の細胞から再発しやすいのも特徴だという。

信仰のある家庭に生まれ育ち、教会で挙式。新居には神実様《かんざね》を祀《まつ》らせていただき、二人の息子を授かった。兄弟で経営する会社は中小企業とはいえ、業界ではそれなりに名の知れた会社になっていた。まさに順風満帆《まんぱん》だったが、仕事が面白くて、教会の月次祭よりも海外出張や得意先との商談を優先してきたことを、いまさらながら悔やんだ。

十三時間に及ぶ手術は無事に終わった。目が覚めたとき、家内が心配そうに私の顔をのぞき込んでいた。涙をこらえる家内を見て、あらためて生かされている喜びが込み上げてきた。

術後の回復は順調だったが、尿崩症《にょうほうしょう》は避けられなかった。頭蓋咽頭腫は、体に必要なホルモンを分泌する、下垂体という指先大ほどの器官に発生するため、摘出時にそこを傷つけたり刺激したりするだけでも、いろいろな不都合が生じる。多くの場合は尿の放出をコントロールできなくなり、尿が常に流れ出ている状態となる。これを尿崩症というう。必要なホルモンを点鼻薬などで補えば社会生活を営むことができるそうだが、体内の水分量を自己管理しながらの生活は想像するだけでもつらい。あらためて、親神様のご守護を強く感じた。

毎日おさづけに来てくださる会長様に、尿崩症のことをお話ししたところ、下腹部におさづけを取り次いでくださった。すると不思議なことに、尿が止まった。これには、ドクターも驚きを隠せない様子だった。こうして私は、再び元の身体《からだ》を親神様からお貸しいただいた。

この経験を信仰の励みとし、教人《きょうと》資格講習会を受講するべく、おぢばへ帰らせていただいたのは、手術から二カ月が経《た》った平成二十四年三月のことだった。この講習会では素晴らしい教友に恵まれ、信仰を実践へと導いていただいた。教会への日参、月次祭でのおつとめ奉仕、全教一斉行事への参加、家族そろっての講社祭など、信仰を身近に感じて生活させていただくようになった。

そのように暮らしていた平成二十五年十一月のこと、定期検診で腫瘍の再発が見つかった。手術から、もうすぐ三年という時だった。振り返ると、手術を受けたことを忘れるほど結構な身体をお貸しいただき、万事順調に思える暮らしのなかで、自身の信仰態度に誤りがあったことに思い至った。

仕事熱心な兄弟は出社時間が早く、朝づとめ後に出社する私だけが、文字通りの重役出勤となっていた。そのことで社員たちに不足心を積ませるかもしれないと考え、朝づとめへの参拝を欠かす日が増え始めていたのだった。

早速、親神様にお詫《わ》びを申し上げ、その思召《おぼしめし》を思案させていただいた。今回の手術では、腫瘍摘出の経路上に嗅覚《きゅうかく》神経があり、「匂《にお》いを失うかもしれない」ということをドクターから説明されたとき、「にをいがけ」という言葉が脳裏に浮かんだ。折しも教祖百三十年祭に向けて、別席団参が打ち出されているさなかだった。術後のにをいがけを誓い、二度目の手術を受けた。結果、嗅覚は鈍くなったものの、再び結構な身体をお貸しいただくことができた。

このご恩に報いたい、教祖にお喜びいただきたい、困っている方々に天理の御教《みおし》えを伝えさせていただきたい。そんな気持ちでにをいがけをさせていただき、三人の初席者をお与えいただいた。

ところが、三人との団参予定日が近づいた五月の術後検診で、またも衝撃が走った。腫瘍が再発したのだ。これで三度目。さすがに落ち込んだが、初席者とともにおぢば帰りをさせていただけば、きっと何か道が見えてくるはずだと考え、悔やむことをやめた。

身上・事情を抱えている三人に、おぢばで別席の尊いお話を聞いていただき、おさづけを取り次がせていただいた。

三人のうち一人は韓国の方であった。彼とは十数年来の付き合いであったが、私が三度目の手術を受けることは、彼の帰国後に電子メールで打ち明けた。そのときの彼の素早い返信は、私を驚かせた。「三度目の手術を受ける前に、僕がおさづけの理を拝戴《はいたい》して、博さんにおさづけを取り次がせていただきたい。一緒におぢばへ帰りましょう」と言うのである。まるで、神様が彼に入り込まれたかのようだった。

そして彼は再び来日し、おさづけの理を拝戴した。薄暗くなった教祖殿で、彼から取り次いでいただいた真実のおさづけに、涙があふれた。

国境を超えた友人が、ようぼくとなった喜び。たすけたいと願っていた彼に、たすけられた不思議。私の節を通して迎えたこの旬を、教祖のひながたを見つめ、喜び勇んで通りきらせていただきたい。

秀ちゃん、ありがとう

廣瀬幸子（ひろせ・さちこ）
教会長・61歳・岐阜県

「会長さん、秀《ひで》ちゃんが仕事の帰りに車にはねられ意識不明の重体で、二、三日がヤマだそうです」

同じ職場の信者さんから電話が入りました。私は突然の悲報にショックを受け、ただ呆然《ぼうぜん》としていました。

秀ちゃんの入信は、いまから四年前の四十三歳のとき。知人からにをいが掛かり、生まれつきの知的障害ながら修養科を了《お》えて、事故に遭《あ》うまでの毎日、自転車で一時間かけて教会日参していました。何事にも熱心に取り組む性格で、修養科で男鳴物をほとんど習得し、教会の月次祭では、おつとめ奉仕者としてつとめてくれていました。教会のひのきしんやにをいがけも、人の倍するような人でした。

その半面、アルコール依存症を抱えており、飲むと人が変わります。悪さをして警察に逮捕されたり、依存症の入院治療を繰り返したりしていました。

交通事故に遭った秀ちゃんをたすけてもらうには、おぢばへ帰って親神様に三日三夜のお願いづとめをするしかないと思いました。夜の十一時ごろ教会を出て、夜中の二時に「秀ちゃんをたすけてください。私の命のある限り、人さまをたすけさせていただきますので、どうか秀ちゃんをたすけてください」と、親神様・教祖にお願いしました。

その後、集中治療室を出た秀ちゃんに、おさづけを取り次がせていただきたいと思いました。家族の人が天理教を好んでいないと知っていましたが、断られたら土下座をしてでも取り次ぎを許していただこうと、覚悟を決めて病院へ向かいました。

病室のドアをノックしましたが、応答がありません。思いきってドアを開けて部屋に入ると、秀ちゃんは、いろいろな器具を付けられて横たわっていました。「秀ちゃん、会長さんが来たよ。秀ちゃんの大好きな会長さんだよ。目を覚まして！」と、何度も呼びかけましたが、返事はありません。私は無我夢中でおさづけを取り次ぎました。

翌日も取り次がせていただき、三日目にも「秀ちゃん、また一緒にパンフレット配りをしよう。秀ちゃんの大好きだった教会にまた来てよ」と、涙ながらに声をかけ、おさづけを取り次ぎました。秀ちゃんはスヤスヤ眠っているようでした。意識を取り戻すことを願いながら、後ろ髪を引かれる思いで病院を後にしました。

その九時間後に息を引き取ったと連絡があったのは、次の日の朝、食卓を囲んでいるときでした。みんな落胆し、悲しんで泣きました。そして、次から次へと秀ちゃんの思い出が走馬灯のように浮かんできました。

「教会にいるときが一番楽しいです。僕がたすかるためには、パンフレット配りしかないです」と、一日に三百枚も四百枚も配っていた秀ちゃん。教会の広い駐車場の草取りを、いつも楽しそうにしていた秀ちゃん。「僕、笛を吹けるように頑張って練習します」と言って毎日練習し、吹けるようになった秀ちゃん。

教会が好きで好きで、「僕、教会の教職舎に住みたいです」と、いつも言っていたので、私が「毎日パンフレットを配って、ひのきしんをいっぱいしていたら、きっと神様が住めるようにしてくださるから、信じて頑張ってね。応援するから」と言うと、「はい、会長さん、頑張ります」と、元気よく嬉《うれ》しそうに返事をしていました。

二日後の葬儀が終わった後も、一日中、秀ちゃんとの思い出が浮かんできます。涙が自然と出てきて、「秀ちゃん、本当に出直してしまったんだ……。夢であってほしい。また秀ちゃんと一緒に、にをいがけをしたい」「あれだけ頑張っていたのに、なぜ……。教会には大事な人だったのに」と、悶々《もんもん》たる気持ちで胸がいっぱいになりました。

そんなとき、『天理時報』のある記事が目に留まりました。そのなかに、「早く生まれ替わってきたくて、慌てて出直された」という一文がありました。

「そうだ、そうなんだ！」。秀ちゃんは生前、いつも「僕なんか生きていたってしょうがないんです。バカだから早く死んだほうがいいんです」と言っていた。私は「そんなことを言ったら神様が悲しむよ」と言いましたが、秀ちゃんは、世間からバカにされ、漢字が書けない、自動車の運転免許が取れない、そんな自分が嫌いでした。だから秀ちゃんは四年間、たすかることを信じて、人が真似できないような徳積みをしたのでした。そのいんねんが切り替えられたから、出直しによって、この旬にたすけていただいたのではないか。そして、今度はきっと、秀ちゃんの望み通りの人に生まれ替わってくるはずだと、私はそう悟ることにしました。

この句に見せられた秀ちゃんの出直し。神様は、悲しんで落ち込むために、この節を与えられたのではない。秀ちゃんの出直しを無駄にしないためにも、節から芽を出すよう、より一層人だすけに邁進《まいしん》しなければならないという気持ちになりました。

三年千日の〝仕上げの年〟も残り数カ月。節を乗り越え、人だすけに全力を出しきって、悔いのない教祖百三十年祭を迎えたいと思います。

秀ちゃん、生まれ替わって、また教会に帰ってきてね。ありがとう。

四つの大きな節

河上松栄（かわかみ・まつえ）
医療事務・59歳・京都府

平成二十年十月二十七日、翌月から修養科へ入るために、夫婦でおぢばへ帰らせていただきました。結婚三十年目のことです。

私の父は布教所長で、結婚前に修養科へ入るよう言われていました。しかし、私は言うことを聞かず、両親が他宗教を信仰している人と結婚しました。そして結婚の翌年、長男を出産して主人の両親の住む岡山へ帰ったとき、その宗教を信仰するように言われました。私は「主人は長男なので、いずれは岡山で一緒に住むことになると思います。そのときには信仰します」と答えました。

ところが、親神様のお導きでしょうか、その後、二男一女の子宝に恵まれ、長男が十一歳の年、主人の転勤が決まり、所属教会のある京都に、しかも布教所である実家の裏の家に引っ越すことになりました。主人は、私と子供たちが教会へ参拝することに反対はしませんでしたが、自分から信仰を求めることもありませんでした。それでも長女が十七歳になったとき、渋々ながら一緒に別席を運んでくれて、家族五人全員がようぼくになりました。

主人の両親とは義姉家族が同居してくれることになり、私たちはずっと京都に住めることになりました。子供たちも成長して、平成十七年に長女、十八年に次男、二十年五月には長男が結婚し、みんな独立しました。

その年の八月、最初の節が訪れました。主人が会社で不祥事を起こし、十月に辞職することになりました。そんな事情から、子供たちの後押しもあって、夫婦で修養科へ入ることになったのです。

私は、大好きなおぢばで主人と過ごせるなんて、想像もしていませんでした。毎日、ご本部の朝夕のおつとめに主人と並んで参拝するという、夢のような三カ月間でした。

私はそれまでに三日講習会を受講していましたが、「仕事を辞めたら今度は修養科へ。それも一人ではなく、誰かと一緒に行きたい」と思っていました。親神様は、そんな私の願いを叶《かな》えてくださったのだと思いました。

修養科修了後も私は仕事を続けていましたので、教会長資格検定講習会（当時）の受講は無理と、自分で勝手に決めていました。

そうすると、二つ目の節です。平成二十二年一月、長男夫婦の第一子が流産したのです。その後、長男から離婚の申し出をしたようで、みんなの説得も空しく、三月に正式離婚しました。私が教会の奥様のお言葉に従って、前期講習を受講していた修了間際のことでした。

続いて、三つ目の節がありました。その年の八月、長女の第二子である二歳の男の子に、生まれつきの病気があることが分かりました。「早期頭蓋骨癒合症《ずがいこつゆごう》」という、十万人に一人の病気で、頭蓋骨に隙間《すきま》がないのです。孫は頭の形が前後に長く、おでこが鼻よりも前に飛び出していました。このまま放っておくと脳が圧迫されて、なんらかの障害が出てくるということです。十月に手術をすることが決まりました。

そして、その年の九月に四つ目の節です。次男が会社の健康診断で肝臓の数値が異常に高く、急性肝炎で絶対安静、三週間の入院と三週間の自宅療養が必要と言われました。一時は劇症肝炎へと移行する可能性も高かったようで、本人は死も覚悟したそうです。幸いA型肝炎で慢性化することもなく、予定通り退院できました。先の孫の手術も無事に終え、翌二十三年二月、私はお礼を兼ねて後期講習を受講しました。

翌月、長男は離婚後に知り合った女性と、教会で結婚式を挙げました。その女性には二人の女の子がいました。

実は、義父は義母とは再婚で、主人には腹違いの姉がいることが、義父が亡くなってから分かりました。義父は、その子の扶養を一切していませんでした。私は、長男が義父の代わりに、血のつながらない二人の娘を扶養して、いんねんを果たしてくれているのだと思いました。

同年八月、実家の父が亡くなりました。父は生前、事あるごとに主人が修養科へ行ってくれたことを喜んでいました。主人は修了後、自営業を始め、教会のおつとめ奉仕をしてくれています。もちろん、私も仕事を休んで、夫婦そろっての参拝です。

昨年、長男夫婦に第三子が誕生しました。九番目の孫です。次男は会社を辞めて独立し、会社を三つ経営しています。長女の第二子は小学生になり、病院の定期検査でサッカーをしても大丈夫と言っていただきました。

私たち夫婦は、そろって還暦を迎えます。いま振り返ると、四つの節は、私を成人させるため、生前の父にその姿を見せるため、そして三人の子供たちの進むべき道を教えるための出来事だったのではないかと思います。そのように思えるのも、この道につながっていたおかげです。

私で信仰四代目。五代目、六代目へと道が続いていくように、私が主人、子供、孫を丹精させていただかなければと思います。この素晴らしい信仰のバトンを確実に次へと渡すことが、私の使命です。

をやにもたれて

船渡　勲（ふなわたり・いさお）
無職・72歳・岩手県

今年の二月初め、八戸《はちのへ》の日赤病院で前立腺《ぜんりつせん》がんと診断されました。検査のために一晩入院し、翌日その結果を聞くと、前立腺の半分ががんになっているから骨まで転移しているだろうとのことで、身体《からだ》全体を診るCTの検査を受けました。結果が出るまでに半月もかかると言われ、悩みました。教祖百三十年祭に向かういまの旬に、なぜがんになったのか。親神様の思召《おぼしめし》が分かりませんでした。

みかぐらうたの「きゝたくバたづねくるならいうてきかす　よろづいさいのもとなるを」というお歌を思い出しました。教祖のおられるぢばへ、お尋ねに行きたいと思いましたが、お金がありません。と思っていたら、ちょうど教会の車が大学生と初席者を連れて帰参するというので、乗せてもらうことになりました。神様が先回りして働かれるとは、こういうことかと思いました。

本部に着くと、大祭でもないのに大勢の参拝者で賑《にぎ》わっていました。朝夕のおつとめの後、おさづけの取り次ぎをしている人がたくさんおられました。私もおぢばで三日間、朝、昼、晩と取り次いでもらいました。

本部の神殿で最初におさづけをしてもらうとき、「そうだ。帰ったらみんなに取り次いでもらおう」と思いました。早速、教会の朝づとめに参拝する人たちにお願いして、まず会長さんからおさづけを取り次いでいただきました。みんなが私の病気のことを心配してくださいました。ありがたいことです。

ＣＴ検査の結果が出たので聞きに行くと、骨にも肺にも転移していないとのことで、医者もびっくりしていました。私も半分、安心しました。「しばらく服薬で様子を見ましょう」と言われ、三十日分の薬をもらいました。

一カ月後、病院へ行くと、血液検査の数値が正常値に戻っていました。手術の日程を相談しに行ったのに、「これなら急いで手術しなくてもいいでしょう」とのことです。私は「ありがとうございます」と叫びたくなるような、大きな喜びに包まれました。それでも、がんが無くなったわけではないので、どうしても気になるのだったら、医大の病院を紹介してあげるとも言っていただきました。私は一晩考えて、医者が様子を見ようと言うのだから、そうしようと思いました。

それにしても、三カ月でがんが小さくなったことは不思議でなりません。親神様は、がんを全部無くすることもできるはずですが、少し残しておいたほうがよいと思われたに違いありません。

私は、上級教会の会長さんにも、神殿で二回もおさづけを取り次いでいただきました。そして、ほかにも取り次いでくれる人を探し、家まで行って取り次いでもらいました。最初はびっくりしていた人もいましたが、話を聞いて「自分もたすかることだから」と真剣に取り次いでくださいました。

これからは、おさづけを取り次いでもらうだけでなく、人さまに取り次がせていただく生き方をしなければと思いました。教会の五月月次祭が終わった後、おさづけをさせていただきたいと申し出たら、取り次いでほしいと三人が言われました。真剣に取り次がせていただくと、体中がざわざわと震えるような気がしました。

教祖百三十年祭までに、一人でも多くたすかっていただきたいと思います。

三人の子を失って

朝田ことえ（あさだ・ことえ）
主婦・63歳・兵庫県

私は、祖母の代から天理教を信仰している家庭に育ちました。高校を卒業するまでは、毎日夕づとめに参拝に行く母と一緒に、よく教会へ行ったものです。

縁あって二十一歳で結婚が決まったとき、母から「けんかをしてまで信仰しなくてもいいよ。一生懸命に嫁ぎ先のお父さんとお母さんに仕え、ご主人を大事にしていれば、いつか天理教のことを分かってくれるよ」と言われましたが、いつしか私の頭から、お道のことは消えていました。

母の教え通りに通るなかで、二人の子供に恵まれ、何不自由ない生活を送っていました。三度目の妊娠が双子と分かると、主人も両親も出産を迎えるまで大事にしてくれました。

いよいよ出産当日。天国から地獄とは、まさにこのことでしょうか。私のお腹《なか》のなかで双子のへその緒が交差しており、一人が生まれようとすると、もう一人の首を絞めるという状態で、大変なお産になりました。二人とも仮死状態で生まれ、顔を見る間もなく救急車で別の病院へ運ばれ、私は分娩《ぶんべん》台の上で放心状態だったのを覚えています。

二二〇〇グラムと二四〇〇グラムの女の子でしたが、一人目が二日後、二人目が四日後に亡くなりました。病室でそれを聞いた私は、主人や両親がどんなに楽しみにしてくれていたか分かっていただけに、とっさに「このままでは帰れない」と思い、二階の窓から飛び降りようとしたところを見つかってしまいました。死ぬこともできず、残された道は、いままで通りの生活を続けるしかありませんでした。

それでも、どうしても三人目が欲しくて、二年後に三四〇〇グラムの女の子を出産しました。ところが、またしても不幸が襲いかかりました。出産して四日目に、先生から「心臓がおかしいので大阪の大きな病院へ連れていきます」と言われ、即手術となり、二日後に、またしても亡くなってしまったのです。

病院の方から「医学のために解剖させてください」と言われ、私は三個目の白い小さな棺《ひつぎ》を抱くことになってしまいました。今回ばかりは、もう立ち直れませんでした。毎日毎日泣いて暮らす私を、誰も慰めることはできませんでした。

ある夜、母の夢を見ました。「神様にたすけてもらいなさい」と呼びかけている夢を。そのとき、私の頭から消えていた天理教が蘇《よみがえ》りました。修養科を了《お》えていながら、お道のことを忘れていたのでした。

翌朝、自宅近くに教会がないか探しました。長年、この地に住んでいながら、歩いて十分もかからない場所に教会があることを知りませんでした。背中を押されるように、「こんにちは、どなたかおられませんか?」と声をかけました。優しそうな奥様が出てこられました。

「どうぞ、中に入ってください」

いつしか夢中で、涙ながらに何十分も一人で話していました。

奥様は何もおっしゃらず、私の背中をずっとさすってくださいました。「えらかったねえ、よく頑張ったねえ、つらかったことでしょう」。話を聞いていただいて、不思議と心が落ち着きました。〝これで生きていける〟と思ったのを、いまでも覚えています。

それからの私は、時間の許す限り教会へ行き、ガラス拭《ふ》きをさせてもらったり、ひのきしんに天理へ行かせてもらったりと、まるで別人のように元気になりました。そんな状態が十年くらい続き、所属の会長さんとも相談し、現在の教会に所属変更して二十年が経《た》ちました。


いま考えると、神様は私をこの道に戻すために、私が一番目を覚ます方法を取られたのではないかと思います。気の強い私には、このような節を与えるしかなかったのでしょう。おかげさまで、いまでは息子も娘も、それぞれ幸せな家庭を営んでいます。

母が思い出させてくれた天理教の信仰を、今度は私が二人の子供につないでいく番です。すごく時間がかかるかもしれません。神様から見れば、足りないところだらけの私ですが、神一条に通ってきた母が喜んでくれるよう、そして少しでも母に近づけるように、陽気ぐらしを目指して努力したいと思います。

三十年前、もしも近くに教会がなければ、あの時間に奥様がおられなかったら、私は今日こうして元気に生きていないと思います。まさにあのときが、私の人生の一番の節目でした。

家族全員導かれ

坂本和子（さかもと・かずこ）
無職・81歳・神奈川県

わが家は大教会の近所にありましたが、信仰のない家庭でした。幼いころ、キリスト教系の幼稚園で仲良しだった友達が突然、亡くなりました。あまりの悲しみに、どうして神様はたすけてくれなかったのか、納得のいかぬ世の中だと強く思いました。さらに、太平洋戦争で生きるか死ぬかという身の危険にさらされ、戦争に疑問を持ち、神様の存在はないと思い続けていました。

やがて嫁いだ家も信仰していませんでしたが、近くの親戚《しんせき》に天理教の布教所がありました。嫁《か》して十年目に所長さんから、人間は生まれ替わっても魂は末代と聞かされたとき、それまでの数々の疑問が一遍に解け、三十二歳でおさづけの理を拝戴《はいたい》しました。

翌年、教祖八十年祭に、ようぼくとしておぢばへ帰らせていただきました。そのとき、この親神様のお鎮まりくださる場所で、一日も早く心の修養をさせていただきたいと思いました。その日を楽しみに、嫁という立場で両親を支えながら、この御教《み》えを家族全員に理解してもらおうと、布教所への日参を始めました。娘三人は、支部の鼓笛隊員として度々おぢばへ帰らせていただき、道の子として育ってくれました。

そのころ、父と主人は漁業会社を経営していました。ある日、父から、私がお道を信仰するから不漁になると言われ、信仰を咎《とが》められました。しかし私は、真実を尽くせば必ず分かってくれる日もあると信じ、日参を続けました。

それから十年目、その父と一緒に修養科へ行くことになったのです。父の胃がんが、きっかけでした。主治医の許可はなかなか得られませんでしたが、私が責任を持ちますと伝え、承諾していただきました。私は念願の修養科に、父とともにお引き寄せいただき、人生最大の喜びを感じました。そして、おぢばで親神様に、私の命を十年縮めてでも父の命を延ばしてくださいと、無理なお願いをいたしました。父は周りの方々に支えられ、無事に修養科を修了し、おさづけの理を拝戴しました。主治医は驚きましたが、その後はがんの進行もなく、両親は金婚式を迎えることができました。

それから父の会社が倒産するという節を頂き、その翌年の教祖九十年祭の年に、高校を卒業した長女と母が修養科を志願してくれました。母は教祖の御苦労の道中に胸打たれ、これまで神様を嫌っていたことをお詫《わ》びし、心を入れ替えて信仰することを誓いました。周りの方々から親切にされて心が明るくなったとのことでした。そして、七十四歳でおさづけの理を拝戴し、にをいがけに一歩を踏み出したのです。続いて次女も、高校卒業後に修養科へ、三女は高校卒業前におさづけの理を拝戴しました。

父は信仰生活のおかげで寿命を六年延ばしていただき、七十六歳で出直しました。その一年後、七十七歳の母は大腿骨《だいたいこつ》を骨折し、入院しました。歩行がかなわぬまま退院しましたが、母は杖《つえ》をついて歩行回復に努力しました。その間、笑顔で楽しそうに、歌を歌って聞かせてくれたことを思い出します。母はその後、七十九歳で出直しました。食事の後には必ず、神様に「ご馳走《ちそう》になりました。ありがとうございました」と感謝する尊い姿を私の心に残してくれました。

娘たちもそれぞれ嫁ぎ、やがて教祖百年祭の年に、信仰に無関心であった主人は脳血《けつ》栓《せん》になったのをきっかけに、修養科に入りました。しかし、つとめきれずに一カ月で帰宅しました。その後、社会復帰したものの、平成三年、今度は脳梗塞《こうそく》を患い、左半身不随となりました。私は、主人の面倒を見ることは、前生でお世話になったご恩をお返しさせていただくのだと悟らせていただきました。

その後、教祖百十年祭に向けて、大教会から修養科生五百名のお打ち出しがあり、布教所長さんから「無理にとは言わないけれど……」とお声がかかりました。しかし私は、半身不随の主人を伴っての修養科は、とても自信がありませんでした。それでも何日も考えた末、主人とともに入る心を定めました。

詰所では、教養掛の先生方にたすけていただき、入浴も手厚く介助していただくなど、温かい支えに励まされて、主人は感謝の心で三カ月を通りきることができました。私も仲間と神殿の回廊拭《ふ》きひのきしんを、主人の分もと、勇んでさせていただきました。また、身上者のお願いづとめを、先生を芯にみんなでつとめ、その方がご守護を頂いたのも嬉《うれ》しい思い出です。

主人はおさづけの理を戴《いただ》くことはできませんでしたが、大教会長様からねぎらいと励ましのお言葉を頂戴《ちょうだい》しました。〝理の親〟の声に沿わせていただいて良かったと、心から思いました。

その後は、主人と二人三脚でリハビリの毎日でした。朝夕には、必ずおさづけを取り次ぎました。主人は胸部大動脈瘤《りゅう》を抱えながら、愚痴《ぐち》も言わず弱音も吐くことなく、デイサービスでも、周りを明るい雰囲気にしていたそうです。お医者さんからも、「ご主人の笑顔を見ると心が癒《い》やされる」と言っていただきました。

その日、主人はデイサービスで入浴し、昼食後、仲間と雑談中に吐血しました。そして、十七年に及ぶ療養生活の幕を下ろしました。七十五歳でした。

主人を介護したおかげで、私は人を思いやる心の大切さを学びました。感謝を込めて、主人に最後のおさづけを取り次ぎました。

このように、家族全員がおぢばにお引き寄せいただき、お導きいただいたことが誠にありがたく、感謝の気持ちでいっぱいです。これからも人さまに喜んでいただけるよう、心の成人に努めたいと思います。

九十年を振り返って

佐藤義彦（さとう・よしひこ）
布教所長・89歳・徳島県

間もなく九十歳を迎える私の人生にも、いろいろな節目がありました。

中学校の教師であった私は、二十七歳の春に結婚したのですが、結婚して十日目の夜、何の前ぶれもなく、大量喀血《かっけつ》に見舞われました。当時の結核は〝死病〟と言われ、多くの若者の命が失われました。伝染病ですので即時休職し、半強制的に療養所へ入院することになりました。

妻の母や会長さんから、お道の話をいろいろ聞かされましたが、そのころの私は全く聞く耳を持ちませんでした。

一年余り療養生活を過ごしましたが、とうとう右肺の切除手術をすると言われました。私は、病院を替われば、また別の治療法もあるのではと考え、まだ血痰《けったん》が出ていましたが、医師の反対を押しきって退院しました。

とりあえず帰宅して、これからどうしたものかと相談しているうちに、会長さんと妻が「天理の修養科へ行けば、必ずご守護が頂ける」と言いだしました。私は〝なんて非科学的なことを〟と思い、途方に暮れました。ところが、そのとき不意に、結婚して以来、夫として何ひとつしてやれなかった自分にできる、妻への唯一の恩返しかもしれないなと思い、修養科に入ることを決めました。

修養生活は、廊下の雑巾がけと便所掃除で一日が始まります。午前中は教理などの講話でしたが、半分くらい居眠りしていたと思います。午後はひのきしんです。氷雨《ひさめ》に濡れながら、ふしん現場の地階へ鉄筋を担いで運んだことを、いまも時々思い出します。そして、夜はてをどりのまなびと、身体《からだ》を休める間もなく、自分が病気だと考える暇もない、とにかくあわただしい毎日でした。

しかし不思議にも、二カ月が過ぎるころには血痰がほとんど出なくなり、無事に修養科を修了することができました。まだ休職期間中でしたので、続けて上級教会に住み込んで青年づとめをすることにしました。

このように医学無視の療養生活でしたが、三十歳になった春、復職審査のレントゲン検査もパスして、再び教壇に立つことができました。これで命の節を乗り越えたのだと、私は将来に希望を抱きながら、一日も休むことなく順調に教師の仕事に取り組んでおりました。

ところが、三十三歳の年の十一月、運動会が行われる前夜のことです。家族との夕食の最中に、もうすっかり忘れていた喀血に再び見舞われました。一瞬、やはりこれが私の運命なのかと絶望しました。

やがて、会長さんが駆けつけてくださいました。私は「とにかく明日、病院へ行ってみようと思います」と、会長さんに言いました。

そのときです。

「あんた、いまさら病院へ行くって言うんですか」

と一喝されました。続けて、

「久《ひさ》ちゃん（妻）から、今度ボーナスをもらったら温泉へ行くと聞いて案じとったんよ。上級が神殿移転建築を打ち出している旬に、あんた、何を考えとんね。結構な身体を使わせていただいているからこそ、ボーナスももらえるんでしょ。でも、いまのあんたには、まだまだそんな徳分はあらへん」

と、いまこそ元一日にかえって、これから三年千日、理を伏せ込む心定めをしなければならないということを諄々《じゅんじゅん》と諭され、おさづけを取り次いでくださいました。自ら結核の節を乗り越え、女手ひとつで教会を立ち上げた会長さんの迫力に、返す言葉もありませんでした。

翌朝、喀血も治まりましたので、平常通り出勤して、どうにか運動会の運営委員の責任を果たすことができました。その後、血痰も全く出なくなり、それまで通り勤務を続けることができました。

それからの私は、職場でも天理教の信者であると表明し、休日には教区の人たちと一緒に神名流しや路傍講演、にをいがけなどに積極的に参加するよう努めました。

また、小学校に勤務していたころですが、夏休み前のＰＴＡの懇談会で「こどもおぢばがえり」の楽しさを話し、十数人の子供を預かって引率したこともありました。いまだったら問題教師だと言われるでしょうが、当時、わが国は高度成長期に向かっていて何ごとにも大らかな時代でした。以来三十年、一度も胸部の病気で医師に診てもらったこともなく、無事に定年退職を迎えることができました。

退職後は、朝づとめの日参と教会のお手伝いを心定めし、三十年が過ぎました。

いまは来年の教祖百三十年祭を目標に、周りの人たちに温かく支えられて生きている幸せを、一日一日感謝しながら暮らしております。

節々の不思議なご守護

帆足敏子（ほあし・としこ）
教会長・85歳・アメリカ

私は二十一歳の二月二日に結婚して以来、毎年末に死産を繰り返しておりました。四年目の十二月八日、またもや死産で生まれた娘は、姑《しゅうとめ》の強い願いと産婆さんの必死の努力で息を吹き返しました。その翌年にも妊娠しましたが、横位のため非常な難産で死産。私も一カ月の養生が必要でした。

そのころ私は、天理教の布教師とは知らずに付き合っていた老婦人がいました。翌年、妊娠三カ月だと分かり、恐怖のあまり密かに堕胎を計画していましたが、その方に止められ、日々の心づかいを教わって実行しているうちに、家庭の事情が徐々に治まりつつありました。ところが七カ月目に入ると、またもや胎児が横位になり、産婆さんの手に負えなくなりました。

予定日が近づいたある日、その布教師さんが深刻な面持ちで来られて、「これは、ただごとではありません。直ちに修養科に入る心定めをなさいませ。親神様は必ずご守護を下さいます。ですから、三カ月間おぢばで勉強させていただきますと、親神様にお約束してください。それから、お産には十全のご守護のうち、三つのお働きが必要です。親と子の胎縁を切るお働き、親の胎内から子を引き出すお世話、そして後仕舞いとしてつなぎのお働き。この三つのご守護を頂くために、お供えをさせていただくように」と諭されました。

そのとき、隣の部屋にいた姑が出てきて、「もう毎年毎年の死産はたまりません。そのお供えは私が出しましょう」と言って、封筒を差し出してくださいました。布教師さんも私もびっくりしましたが、ありがたく頂戴《ちょうだい》しました。そして不埒《ふらち》な私は、三カ月間、家を出られることが、舞い上がるほど嬉《うれ》しかったのです。にもかかわらず、すぐに不思議が起こりました。

予定日より十日ほど早い日の早朝から、五分おきに軽い痛みを感じていましたが、これくらいのことでお産になるとは夢にも思えず、二歳の娘を連れて朝の掃除を続けていました。姑は産婆さんに電話をかけに行き、私はまだお手洗いの掃除を続けながら、ふと窓外に目をやると、真っ白いエプロンがけの産婆さんが二人、自転車で来られるのが見えたので、大急ぎで布団を敷き横になりました。

産婆さんは来られるなり、「あっ！　もうすぐですよ」とおっしゃいました。一人は注射器の消毒をし、もう一人が脚を摑《つか》んで引っ張り出そうと身構えられた途端に、強い痛みが来ました。二度目の痛みが来たと思ったら、脚をばたつかせながら、大きな産声を上げて生まれました。不思議なことに、自然に位置をかえて正常分娩だったそうです。その日は一九五八年十一月八日、布教師さんの教会に誓約書とお供えの届いた日で、午前十時という時間まで一致していました。

私はすぐに立ち上がって浴衣の乱れを直し、さっぱりした気分で横になりました。嬰児《えいじ》は健康そのもので、よく泣き、よく飲み、すくすくと育ちました。待望の男の子だったので、姑も大喜びし、たくさんのお赤飯を蒸《ふか》してあちこちへ配りました。

翌年の三月二十五日、私は赤ん坊を負ぶって、おぢばの神殿にお参りし、深く深くお礼を申し上げました。修養科中のたくさんの思い出は、いまもって忘れることのできないものです。

その後もいろいろとご守護を頂いてまいりましたが、十六年後、息子が身上となり、一カ月半の命と宣告されました。当時は伊野《いの》大教会のようぼくでしたので、会長様にお願いづとめをしていただき、この子はまたもや不思議なご守護を頂戴しました。

息子の健康回復後、会長様より、アメリカにある古い教会へ行くようにとのご指示を受けました。私は抵抗を続けていましたが、そのうちに「リウマチ性多発筋痛症」という病になり、前途が真っ暗になりました。そのとき会長様からお電話を頂き、「おまえ、アメリカ行きはどうした。何をしている」とのお声に、「すみません。実はこういう病気になりました」とご報告申し上げたところ、「だからこそ、アメリカへ行って御用をつとめて、親子三人幸せになるようにと言っているのだ。それが分からぬか！　すぐに帰ってこい」とのご命でした。

もう神様にお縋《すが》りするしか道はありません。親の思いの深さにも気づかされ、一も二もなく従わせていただきました。ご本部で取っていただいた永住権を持って、一九七五年九月十四日、シアトルに到着しました。

私の道中は、どこにいても平穏ではなかったのですが、いろいろな節に行き合うたびに、素晴らしい先生にお会いする機会に恵まれ、一つひとつ乗り越えることができました。

私は現在、八十五歳になります。娘も息子も近くに居り、孫たちも素直に歩んでくれております。いろいろな宗教を訪ねた揚げ句にお会いした、かの布教師さんのお導きにより、この道を通らせていただきましたが、その道中の節々に、お導きいただける方々にお会いできたのは、決して偶然であったとは思えません。

いまなお、来生に向かって試練をお与えくださる親心に感謝と喜びを捧《ささ》げつつ、おたすけとおつとめで魂を清らかに磨かせていただく努力をしております。たくさんの節を乗り越えさせていただいたおかげで、何ものにも動じることなく、親神様、教祖におもたれして、平穏な日々のありがたさを味わわせていただいております。

すべてを生き節に

名田平治美（なだひら・はるみ）
主婦・55歳・大阪府

私は信仰二代目で、ようぼく家庭の末娘として生まれました。高校三年生のとき、些《さ》細《さい》なことでクラスに居られないほどのいじめに遭《あ》い、学校の屋上から飛び降りて自分の存在を消そうとしました。横行《おうこう》結腸破裂と、腰椎《ようつい》を含め八カ所を骨折し、今晩がヤマだと医者に言われ、所属教会の会長様と若先生がひと晩中付き添ってくださいました。

一命は取り留めましたが、主治医から、どんな後遺症が残るか分からないと言われました。会長様方は入院中、何度もおさづけを取り次いでくださいました。おかげさまで、一カ月の入院を経て、奇跡的に回復し、後遺症もなく退院することができました。

高校卒業後は、道一条でご恩返しをさせていただこうと、所属教会に日参して、ひのきしんをさせていただきました。教会の御用、支部の御用、それから点訳ひのきしんを精いっぱいつとめさせていただきました。そして主人と結婚し、教祖百年祭の翌年、娘を授かりました。

娘が小学生になると、少々のことには負けないように育ってほしいと、三島支部の鼓笛隊に入れました。社会人になるまでの十年余り、娘は真夏のおぢばでお供え演奏をさせていただきました。オンパレードで金賞を頂くたびに、かけがえのない仲間との厳しい練習によって、皆でつかんだ喜びの尊さを経験させていただきました。

娘が小学五年生のとき、主人が離職し、なかなか次の職に就けませんでした。そこで修養科に入って三カ月間、おぢばで伏せ込ませていただいたところ、修了後に会長様のおかげで再就職できました。その後は、所属教会の月次祭の御用を夫婦で欠かさずつとめさせていただきました。

その主人が、教祖百三十年祭に向けて諭達が発布される直前の十月に「腎臓がん」を宣告されました。近くの病院では手術できないと言われ、「憩《いこい》の家」病院で八時間かけて手術していただきました。それから高槻《たかつき》市のリハビリ病院への入院を経て、四カ月以上かかって、桜の咲くころに自宅へ戻ってきました。

娘たちと皆で、お礼のおぢば帰りをさせていただきました。しかし、転移があるので、すぐに新たな治療が始まりました。娘たちも私も、教祖百三十年祭までに少しでも主人の身上が良くなってほしいと願いながら、精いっぱい御用につとめさせていただきましたが、秋には最初の薬が効かなくなり、がんが大きくなりました。その後も治療は続きましたが、翌年の正月から、かなり病状が重くなり、自分で体を動かせなくなりました。食事量も落ち、二月六日朝、出直しました。

告別式のあいさつで、私は参列者の方々に「かしもの・かりもの」の話をさせていただきました。主人は、がんに侵されたボロボロの衣を一旦お返しさせていただいて、また娘たちのもとに生まれ替わってくると――。

娘は土曜・日曜が休めない仕事だったので、就職後は教会の御用から遠ざかりがちでしたが、その夜、お父さんの出直しのことをあらためて考えてみると、メールをくれました。

教祖百三十年祭を一年後に控えた今年の春季大祭の神殿講話で、真柱様は、すべてのようぼくがおたすけを心掛けるようにと話されました。いままでに起こったすべての節を生き節にするため、娘をお道に役立つようぼくへと育てさせていただき、私自身も喜び上手になって、周囲の人に喜びと幸せの輪が広がるよう努めさせていただきます。

神様に身をゆだねて

齋藤信悟（さいとう・みちのり）
教会長後継者・32歳・青森県

「布教の家」での生活も、間もなく終わりを迎えようとしていた平成二十一年三月のことだった。朝づとめで拍子木を叩《たた》いていると、急に背中に痛みが走り、息苦しくなった。布教に出る時間まで少し休んでいようかと思ったが、あおむけになろうにも胸が圧迫され、苦しいので横になれない。おかしい。周りの人に相談し、付近の呼吸器内科に連れていってもらった。

「自然気胸だね。右の肺が三分の一、潰《つぶ》れています」

そう告げられた。

内心、「ついに来た」と思った。というのも、父は元々、自然気胸を発症したことがきっかけで信仰を始め、以来四十年間、たびたびこの病気を再発させてきた姿を、そばで見てきたからだった。さかのぼれば、祖父も肺がんで短命だった。弟も、私に先んじて数年前に自然気胸を発症していた。肺を患う短命の色濃い家系のようで、だから今日まで、自然気胸という病を漠然と意識の片隅に置いて過ごしてきた。

医者に紹介状を書いてもらい、大きな病院へ移った。右胸の脇《わき》の下を切開し、肺から漏れる胸内の空気を体外へ逃がすための管を差し込まれた。辛うじて入院は免れたものの、異物である管の感覚が胸のなかで生々しく、それが疼《うず》いてどうにもつらい。麻酔が切れてくると激痛がして、全く身動きがとれなかった。横になれないので、ほかの寮生が布団の下に何枚も座布団を積み上げてくれ、それにもたれかかるようにして、じっとしていた。痛み止めの座薬を使わなければ、満足に眠ることさえできなかった。

「布教の家」の寮生としての最後は、床に伏し、己と向き合って黙考する時間となった。おたすけどころか、安静にしていることしかできない病人になってしまい、ずっとおさづけの取り次ぎに通わせてもらっていた婦人さんが、逆に私を心配して見舞いに訪れてくれた。

青森寮の本部派遣委員である高渕徹《たかぶちとおる》先生は、この身上について、「肺病のいんねんが、まだ納消《なっしょう》されていないという神様からのメッセージだ。しかし、布教の家を終えるこのタイミングで見せてもらったことに、大きな親心がある。よく感謝しなければいけない。これからが本当の意味でのスタートだ。わが身わが家のいんねんをよく自覚し、たすけていただくためにも、しっかりとおたすけに歩かせていただくことだ」と言われた。いんねんが切れていないと言われて、まず思い浮かんだのは、まだ生後半年に満たない長男のことだった。「この子もやがて、自分がいま置かれているこの苦しみを味わうことになるのかもしれない」と思うと、それはやはり避けたかった。「もうこれからは、性根を据えて信仰に身を投じなければ」と決心した。

身体《からだ》が回復し、教会へ戻ってからも、節あるごとに肺にお手入れを頂いた。不意に変調を来し、数日間、何もせずじっとしていたこともあった。寝込むほどではないが、さりとて動くのは難儀という、微妙な体調のときがままあり、怠けているように見られているのではないかと不安を覚え、どうにも肩身が狭かった。葛藤《かっとう》はその後、何度も続いた。

息子は成長するに従い、頻繁にひどい気管支炎で苦しむようになり、やがて喘息《ぜんそく》持ちとなった。寝ているときに咳《せき》が止まらず、泣きながら目を覚ます息子の姿は、見ていてつらかった。「やはり呼吸で苦しむいんねんなのか……。でも、どうにかご守護いただきたい。もっとしっかり、にをいがけ・おたすけに歩かなければ」という思いを再確認させられることが、しばしばだった。

年々わずかずつではあるが、私も体に違和感が増していることを実感している。思い通りに調子が安定せず、そのことに苛立《いらだ》っているときもある。昨秋、咳が止まらなくなり、医者から「あなたは先天的に、肺があまり丈夫ではないようだ。放っておけば、いずれ肺を駄目にして、次に心臓も駄目になって、最後は若死にだよ。そうならないように、しっかり治療を受けなさい」と強く言われた。そう告げられるたびに、どこか安堵《あんど》している自分がいる。

もしも、お道を通らなければ、おそらく医者の言う通りの運命が待っているだろう。身上の患いも天から与えられたものだ。「おまえは脇道にそれてはいけないのだよ」と、そう言われているような気がしている。

いまのところ、何年布教を続けても特別な結果は得られていないけれど、きっと、代わりに、寿命を延ばしてもらっているに違いない。だから途中で投げ出さず、このまま、にをいがけ・おたすけに専心しようと思う。どこまでも神様に身をゆだねて生きる。それをただ、信じてやっていくだけだ。

難病からの回生

鈴木律子（すずき・りつこ）
介護施設運営・56歳・静岡県

私は五年前、死の淵《ふち》をさまよっていました。それは、いま思い出しても二度と戻りたくない時間です。

病名は「天疱瘡《てんぽうそう》」といいます。国内でも年間百人程度しか発症しない難病です。原因ははっきり分かりませんし、これからも病魔とお付き合いをしなければなりません。全身の刺激を受けた部分が水疱《すいほう》となり、その水疱が破れ、やけどと同じ状態になります。全身の皮膚のほぼ六割ほどが剝《は》がれて、痛くて痛くて身動きが取れませんでした。

ステロイドの大量投与と輸血をし、ガーゼを全身に貼って皮膚の代わりにするのです。

そのガーゼを毎日一回、シャワーを浴びて交換します。ガーゼを剝がすときの痛みは例えようもありません。肉に食い込んだガーゼを剝がすと血がしたたり落ち、その姿を思い出すだけで、いまでも震えが来ます。

そのときは「もういいや、もう死ぬんだ」と思っていました。痛みと恐怖のためか、私の意識は何度も飛んだそうです。これは後から主人に聞きました。目は開けたまま天井を見つめ、主人が私の手を握って「おーい」と呼んで引っ張ると、意識が戻ったそうです。もちろん、飲まず食わずで一週間が経《た》ちました。

私は知らなかったのですが、近くの教会の奥様が私に、ある有名な教会の会長様から頂戴《ちょうだい》したという浴衣を、「これを身体《からだ》に直《じか》に掛けなさい」と言って持ってきてくださいました。その浴衣を、おさづけを取り次いで掛けてくださったのです。それからというもの、薄紙を剝ぐように良くなり、少しずつですがお粥《かゆ》を匙《さじ》に三口、四口と、口にできるようにもなりました。

ステロイドの大量投与で私の身体の免疫は、ほぼゼロに近い状態でした。さまざまな雑菌にやられていました。皮膚が無いものですから、どこからでもウイルスは侵入します。ようやくお粥を少し口にしたことで、なんとか一命は取り留めていました。

主治医から大学病院を紹介され、いまだから、いや、いましかないと転院しました。これも主人に聞いた話ですが、このとき主人は、主治医から「あとは、ご本人の生きたいという力に頼るほかない」と告げられたようです。医大に転院とは、もうここではどうしようもないということだったのです。

医大では、ウイルスの感染から守るために家族以外は立ち入り禁止。家族もマスク着用でした。しかしそこでも、今度は肺にカビが生え、肺の三分の一まで胸水が溜《た》まってしまい、酸素吸入が行われました。

しかし、これが不思議なのです。転院してから、痛みが少しずつ和らいできていたのです。食事も少しずつですが取れるようになりました。このとき、やっと座れるようになり、一日一回、十二下りの地歌をベッドの上で歌いました。

実は私は、修養科を出てからというもの、およそ三十年もの間、天理教を離れていたのです。違う宗教を信仰していました。いや、していたつもりでした。しかし、なんとなく違うなあと感じ、発病前に何度となく近くの教会の夕づとめに行っていたのです。

自分でも分からないのですが、なぜか行きたかったのです。

その教会の会長様が、ご自身も体調が優れないなか、何度もおさづけの取り次ぎに来てくださいました。ちょうどそのころ、主人がまた医大の主治医に呼ばれ、「奥さんの肺のカビが、両肺のほぼ全部に点々と生えてきています。カビが毛細血管を破って侵入すれば、血管を通して全身に周り、喀血《かっけつ》するようになるでしょう。いまの元気は、もうすぐ終わります」と宣告されたそうです。致死率は七五パーセントくらいだとも。

私は何も知りませんでした。そのときは「もう迷わず天理教に戻ろう。とにかく、おぢばに帰りたい」と願うばかりで、心は元気だったのです。そう言えば病室の外で、主人がいつも「俺《おれ》の肺を移植しろ」と、主治医に訴えていた声を覚えています。そのたびに、主治医は「合うわけがない」と言っていたようですが。家族はもちろん、死に物狂いでたすけたかったのですね。

主治医から「そこまで言うならステロイドを減らします。ただし、これで再発したら、たすかりませんよ。どうするか考えてください」と決断を迫られ、主人が私にようやく現状を話してくれました。私はもう迷いませんでした。私はようぼくに戻る、おたすけをするのだと。

それから一週間後、なんと、胸水が自然に抜けて、抗生物質でさえ取れなかったあのカビが、レントゲンに写っていないのです。致死率七五パーセントと言われてから、たった一週間です。これは薬のせいではない。親神様にご守護いただいたのだと、即座に思いました。

身体は神様からの借りものだと、しっかり分かりました。その後、長い間離れていた親神様と私を結んでくださった浴衣の教会にもお礼に行かせていただき、いまでは教会の先生方に教えを請い、教理も少しずつ心に治めてきました。

この病気を通して、私は親神様の存在をはっきり知りました。もう迷いません。これからは、この体験を一人でも多くの人にお話しし、おたすけをしていくつもりです。

節こそチャンス

谷口尚江（たにぐち・ひさえ）
教会女子青年・25歳・香川県

「あなたはいま、幸せですか?」

こう問われたとき、昔の私なら、胸を張って「幸せです!」とは言えなかったと思います。

私は、中学三年生のときに「潰瘍《かいよう》性大腸炎」という、原因不明の難病になりました。あらゆる治療を試すものの病状は一向に良くならず、むしろ悪化する一方でした。そして、ついに高校二年生のとき、潰瘍でボロボロになった大腸を全摘出する大手術を受けました。

手術は無事に成功し、これで病気に悩まされることはなくなると思っていましたが、大学生になると、今度は十二指腸潰瘍になりました。十二指腸潰瘍といっても、一般的な潰瘍ではなく、潰瘍性大腸炎が病変するという非常にまれなケースでした。病気とは縁が切れたと喜んでいた私にとって、この発病は非常にショックでした。度々病気になる自分が嫌《いや》で、なんで私ばかり病気になるのだろうと、神様を恨んだり、自分を責めたりして、落ち込んでいました。

しかし、二年前に入った修養科をきっかけに、私の気持ちは大きく変わりました。身上や事情の裏には、親神様・教祖の大きな愛のメッセージがあることを知ったからです。

実際のところ、身上や事情は本当につらくて苦しいものです。でも、私たち子供にそんな思いをさせてまでも、神様は必死に伝えようとしてくれています。決して行いが悪かった罰ではなく、あなたならできるよという期待や、あなたにもっと幸せになってほしいと思う親心であることを。そして、このメッセージを、どうか喜びにつなげてほしいと願われているのです。このことを知ったとき、なんだか心が温かくなりました。

病気はいまもまだ完治に至っていませんが、私は病気になってよかったと心から思います。なぜなら、病気でつらい思いをしたからこそ、たくさんのありがたいことに気づけたからです。今日の命があること、一日を元気に過ごせること、おいしくご飯が食べられること、笑ったり泣いたりできることなど、いままで当たり前と思っていたことが、どれほどありがたいことかを痛感しました。

こう思えるのも、信仰していたおかげです。どんなときも、ずっとたんのうし続け、私に信仰をつないでくれた母には、感謝の気持ちでいっぱいです。

つらく苦しい節こそ、人生を切り替える絶好のチャンスだと思います。そのなかに神様のメッセージを感じて、喜びに変える。これこそが、親神様・教祖の最も喜ばれることだと思います。

私の尊敬する祖母が、よく言ってくれる言葉があります。

「喜べば、喜びごとが喜んで、喜び連れて、喜びに来る」

この言葉を胸に、今度は自分だけでなく、悩み苦しんでいる人が喜びあふれる日々を迎えられるよう、おたすけの実践に努めたいと思います。

教祖のお引き寄せ

土葛隆一（とくず・りゅういち）
無職・79歳・大阪府

平成十二年十二月十六日、役員会議も順調に進み、終わりに近い時間であった。いつものように、ヘビースモーカーの私は二箱目の煙草《たばこ》を吸っていた。

社長から注意された。「常務！　煙草が絨毯《じゅうたん》に落ちている」。見ると、赤い絨毯の上に煙草が落ちているので、拾い上げた。暫《しばら》くして、隣の技術部長から「常務、また落ちている」と注意された。不思議だなあと思って、しっかりと左手の指で挟んだが、すぐに落ちそうになる。変だなと思ったが、右手に持ち替えて吸い続けた。

会議がもうすぐ終わるというころ、便所へ行き、帰りは部下と飲みに行こうと思って部屋へ戻ろうとしたとき、急にへなへなと座り込んでしまった。体が弱ったもんだと思いながら、なんとか会議室にたどり着いた。間もなく会議が終わり、営業部のある三階へ戻ろうと階段を少し上ったとき、崩れるように下までずり落ちた。下にいた営業部長が支えてくれ、若い社員に私を家まで送るよう手配してくれた。

車のなかで妻に電話をしようと携帯電話を捜したが、なかなか摑《つか》めない。やっと「おかしいな?」と思い、「家の近くの医院へ寄ってくれ」と頼んだ。医院に着くと、院長がCTを指示した。結果、「すぐ家族を呼びなさい! 大きな病院へ搬送する」と告げられ、救急車が呼ばれた。高速道路を通って岸和田《きしわだ》の徳洲会《とくしゅうかい》病院へ運ばれた。頭を開けられ手術されるのかと思い、恐怖に駆られたが、赤く点灯した手術室の前を通り過ぎ、ICUへ運ばれた。それから四カ月に及ぶリハビリが始まった。

ステッキで歩けるようになり、四月に退院した。思えば、年末から長かった。その後、半年近く出勤したが、限界を感じて勇退した。六十五歳の秋である。考えていた七十五歳よりも十年早かった。

リハビリ病院に通って頑張り、寂しさをまぎらしていたが、突然「修養科へ行こう」

と思いついた。妻に言うと、びっくりした顔になったが、すぐ笑顔になって、九月から入れるよう、八尾《やお》分教会の会長に頼んでくれた。

母も妻も、熱心な信者である。私は多忙を理由に、ほんのお付き合い程度の信仰であった。妻は、定年になったら修養科へ行くようにと勧めていたが、私は百パーセント行かない気だった。それなのに、自分で心定めをしたことが不思議だった。いまよりも良くなりたい気持ちと、未知の世界へ飛び込みたい気持ちがあったのだろう。

まだ夏の名残が感じられる日、高安《たかやす》大教会の詰所に入った。担任は籔田《やぶた》先生だった。詰所の責任者の鈴岡先生には、なにかと世話をしていただいた。学ぶところの多い、これまでとは全く違う世界で、新鮮であった。若い人と学習するのは何十年ぶりだろう。とにかく楽しかった。来て良かったとしみじみ感謝した。

夕方のひのきしんでは、自ら煙草の吸い殻拾いと便所掃除を申し出た。不思議な気持ちであった。少し前まで、日に八十本もの煙で周りの人に迷惑をかけていた。また、大酒を飲んで店の便所を汚していた男である。それが罪滅ぼしのように、いまでは吸い殻を拾い、便器のなかに手を入れ磨いている。しみじみ、自分のまいた罪に思いを馳《は》せた。

修養科からの帰りには、東礼拝場から参拝するのだが、神殿へ上がる小さい段差が苦手なので、いつか障子の枠に摑まらずに上がれますようにと、親神様にお願いしていた。松村君という足の悪い同期生がいて、仲良く一緒に参拝する日が多かった。ある日、彼のステッキが折れて難儀していたので、「僕のを使って詰所へ帰れ」と言うと、「土葛さんはどうするのか?」と心配そうに聞いた。私が「何なりと伝って帰るよ」と返事をすると、彼はなかば心配そうに帰っていった。

それから数日後、不思議なことが起こった。いつものように東礼拝場から参拝したが、障子に摑まらず自然に上がれたのだ。嬉《うれ》しくて、涙が出た。教祖殿でお礼を申し上げた。

秋が来て、修了の日が近づいたころ、持病の腎臓病が悪化して「憩《いこい》の家」に入院することになり、一カ月間療養した。教祖に「おまえは、もう少しここにいるように」と言われた気がして、治療に専念した。

私の大きな病から、教祖のおそばに寄せていただくという、不思議な「節目」を頂いた。いまは、小さなことだが、毎月の八尾分教会の月次祭に、麻痺《まひ》した手も使って太鼓を打たせてもらい、感謝の日々を過ごしている。

息子の大やけど

神田伊都子（かんだ・いつこ）
看護師・56歳・大分県

息子は教祖百年祭の年に生まれました。あれは息子が二歳九カ月のときのことです。

ある日、私が再就職したばかりの職場に、聞き覚えのあるT診療所の先生から電話がありました。あわてた声で告げられました。

「なあ君《くん》がやけどした！　いまから私の車でN病院へ連れていくから、病院で待っていて」

私は全身の力が抜けて、その場に倒れそうになりました。電話のやりとりを聞いていた上司が、私を抱えてタクシーでN病院まで連れていってくれました。当時、私たちの住まいは、救急車を呼んでも一時間以上かかる所だったので、T医師は自分の車で運んだほうが早いと分かっていたのです。

私の勤め先からN病院までは、わずか五分。病院では、すでに息子の受け入れの準備ができていました。T医師が息子を抱きかかえて入ってくると、スタッフはすぐに処置に掛かりました。私はただオロオロしながら、「親神様――」と唱えることしかできませんでした。

T医師の話によると、息子は室内で走り回って遊んでいてストーブに当たり、上に載せていたヤカンが落ちてきて、腰から下に熱湯をかぶってしまったとのことでした。そのうえ、義母が泣き叫ぶ息子のズボンをあわてて下げたものですから、水疱《すいほう》が破れて皮膚がドロドロの状態になったのでした。すぐに浴室へ連れていき、水をかけたそうですが、義母は気が動転していたのでしょう。四歳の長女が近所の家へ行き、「弟がやけどした」と言ってくれたので、そこから診療所に電話が入ったのだそうです。

T医師は、あまりのひどさに驚いていましたが、近所の人たちに「ありったけの氷とタオルを持ってきてください」と言って、息子の腰から下にタオルを巻いて氷で冷やしながら連れてきてくれました。病院で息子を乗せた車を待つ一時間の長かったことと、息子が真冬にもかかわらず、汗ビッショリだったことを思い出します。

その日は主人もおたすけに出ており、家には義母と三人の子供だけがいました。生後十一カ月の次女は、ストーブのそばで寝ていたそうです。もし、ヤカンが次女のほうに落ちていたらと思うと、背筋が寒くなりました。

やけどは体液が出ることにより重篤《じゅうとく》な状態になるそうです。とにかく三日間が峠とのことでした。主治医から承諾書に署名するよう言われたときには、目の前が真っ暗になりましたが、主人はひと言「大丈夫」と言い、おさづけを取り次いで、親神様にお礼とお願いをしました。お礼は、ヤカンが次女のほうに落ちなかったこと。お願いは、もちろん息子がたすかることです。主人は教祖百年祭の期間中、おぢばでひのきしんをしていたので、そのときに生まれたわが子がたすからないはずはないという信念を持っていました。

息子は腰から右足全体にかけて、ひどいやけどのため、ずっとうつぶせ状態でした。一日二回の処置の際は、痛みのため、玉の汗が噴き出るほど泣き叫んでいました。なんとか峠を越え、主治医から「このやけどはひどいので痕《あと》が残ります。植皮をしましょう」と言われましたが、主人は「しなくていいです。これは私たち夫婦の戒めとします」と、きっぱり断りました。私は、このままではかわいそうだと、心のなかをかき混ぜられるような気持ちでしたが、主人はとことん親神様・教祖を信じきっていましたので、何も言えませんでした。

ご飯が食べられるようになると、回復も早くなり、約一カ月ほどで退院しました。

小さいころは水泳のときなど、友達から「なあ君の足、色が違う」と言われていたそうです。私も、息子が半ズボンのときは、いつも足に目が行って悲しい思いになりましたが、いまではすっかりご守護を頂きました。ただ、親神様は、私たちが忘れないために、右臀部《でんぶ》にほんの少し痕を残してくださっています。

今年の三月、私は教人資格講習会を受講しました。その講義のなかで、くにさづちのみこと様のおはたらきについて聞かせていただきました。なんと、もったいないことでしょう。あのとき私は、人間思案をして、「なぜ植皮をしてくれないの」と不足に思っていたのに、親神様はちゃんと皮つなぎのおはたらきをしてくださっていたのだなあと、大きな親心を感じました。あらためて主人の、親神様・教祖に対する思いの深さに感動しました。

後から分かったのですが、当時、周囲から「教会の子がやけどをして、生死の境をさまよっている」などと、さまざまなことを言われていたそうです。でも主人は、その声が私に届かないようにしてくれていました。おかげで私は、人に対する不足をせずに済んだのです。

また、息子がやけどをしたとき、長女が行った近所の家に人がいたこと、T医師が運よく診療所にいたことなど、やはり神様が先回りしてお働きくださっていたのだと感じています。親神様・教祖、本当にありがとうございました。

母を亡くした悲しみ

鵜瀬恵子（うのせ・けいこ）
主婦・53歳・埼玉県

二十三歳の夏、私の母は、この世からいなくなった。

実家での葬儀を終え、一人住まいの東京のアパートへ戻った。戻ったときから、私の心は壊れ始めた。

仕事をしている間は、母を思い出さずにいられたが、仕事を終え、会社を出ると、すぐに頭のなかは母のことでいっぱいになった。「悲しい」という言葉では、私の心を表現しきれなかった。

「悲しい？　悲しいって言えるくらいの出来事なら、まだ悲しいうちじゃないのよ」

誰かの口から「悲しい」と聞くと、そう思えてならなかった。生きていくには、悲しみをすべて自分のなかにしまい込んでおくしかなかった。

毎晩、布団にもぐって泣いた。涙は涸《か》れないんだと気づいたころ、私は「死ねば、お母さんに会える」と自殺を考え始めた。心の崩壊はどんどん進んでいった。

駅のホームで「いま飛び込めば死ねる」と思った。毎日毎日「いま飛び込めば……」と、頭のなかは錯乱状態だった。

私が自殺を思いとどまることができたのは、「いま私が死んだら、お父さんも、お兄さんも、お姉さんも悲しむ。お母さんを亡くしたばかりで、そのうえに私が死んだら、残された家族はもっともっと悲しむ。これ以上つらい思いをさせちゃいけないんだ」と、そんな言葉がふっと浮かんできたから。

私は毎晩泣いていた。その日も泣いていた。電話が鳴って、泣きながら受話器を上げた。

「大丈夫?」

一番親しい友人だった。私は堰《せき》を切ったように、受話器に向かって声を出して泣き始めた。友人は、「うんうん」と、それ以外の余計な言葉は何一つ言わなかった。溜《た》め込んでいた悲しみを、私は思いっきり吐き出した。友人は一緒に泣きながら、「うんうん」。そう言って、ずっと受けとめてくれた。

独りぼっちで悲しみと向かい合う日々が、どれほど苦しいか、聞いてくれる相手という存在が、どれほどありがたいかを実感した。そして私は、生きる選択をしたのだった。

母が病を得たとき、余命宣告は家族にだけされた。最愛の母のために私ができること、それは母が喜ぶこと。母が信仰していた天理教を、私も信仰すること。それで奇跡が起きるのなら、母が元気になるのならと、藁《わら》にもすがる思いで初席を運んだ。

母に会うために毎週、理由をつけて飯田《いいだ》市の病院へ足を運んだ。

東京 → 天理 → 飯田 → 東京

あるとき、新幹線の切符が取れずに困っていたら、竹中工務店の所長さんが助けてくれた。東京から名古屋まで、旅行ツアーの貸し切り車両の乗客に交じってポツンと座っていた。名古屋でツアー客が全員降りて、そこから京都までは新幹線の指定席車両に私しかいないという、一生のなかで一度だってあり得ないような体験をした。

また、偶然にも通勤途中に天理教錦江《にしきえ》大教会があり、毎朝、始発電車に乗って、朝づとめに参拝させてもらってから出勤した。私の事情を聞いた大教会長様は、お願いづとめもしてくださった。

そんな私を見ていた所長さんは、陰で奔走してくださり、東京在住の本部員先生の住むお屋敷に連れていってくださった。その先生から「大変ななかだけれど、親神様・教祖がついていてくださいます」とのお言葉を頂き、ご本部のお下がりの夏みかんを一つ頂戴《ちょうだい》した。信仰の浅い私には、信じられないような出来事だった。

週末、天理で教祖のお墓地のお水を汲《く》んで、飯田へ向かい、母に本部員先生と出会えた話とともに夏みかんを差し出した。

翌々日、姉からの電話で、「夏みかんを搾《しぼ》ってお母さんに飲ませたら、便が出た！」と喜ぶ声が聞けた。腸の癒着《ゆちゃく》で便が出づらかった母にとって、それは奇跡だった。

母が泣きながら喜んでいたことも教えてくれた。母の心の支えである天理教を、娘の私が信仰し、お墓地のお水を頂いて、ご本部のお下がりも頂けるなんて、ありがたい、ありがたいと。信仰者だからこそ、ことさら喜びが大きかったのだと思う。

母は、「あと一週間もてば」と医師に言われた後、一カ月近い延命のご守護を頂いた。出直し三日前には「幸せだった、ありがとう」と最期の言葉を、意識が薄れるなか、かろうじて読み取れる字で便箋《びんせん》につづった。それは、私たち子供にとって、大きな救いとなった。


母の死は大きな節だった。乗り越えるのに、本当に長い時間がかかった。孤独という環境が悲しみを大きくし、長引かせた。いまは兄と姉と一緒に、両親の思い出を語り合える。これがどれほどの心の救いであるかということを、身をもって体験している。

現在、私たち夫婦には四人の子供がいる。私たちがいなくなった後も、きっと彼らきょうだいは、悲しみを分かち合い、思い出を語り合いながら、力強く生きていけるはずだ。母を亡くした大節から、四人の子宝（長男と三つ子）に恵まれる家族を持つという芽が出た。その芽は、いますくすくと大きく育っている。

〃ご守護〃としか言えない

宮部研治（みやべ・けんじ）
教会専従・54歳・東京都

母は教会長で八十四歳。次男の私と二人ぐらし。私は世上働きを離れ、会長職の補佐と身の回りの世話をしている。ほかに兄、妹、弟の三人のきょうだいがいる。

三年前、上級の鳴物の練習日に、母は昼食後、急に意識を失い、救急車で近くの大学病院へ搬送された。失神との診断で、様子を見るということで帰宅した。

一昨年、教祖誕生祭と婦人会総会に帰参した折、母のいとこが、母の右の乳房にアザを見つけた。数日後、普段通っている病院へ行くと、主治医は「どこかほかに大きな病院を知っていますか？」と聞いた。あの大学病院の診察券を見せ、すぐに紹介状を書いてもらい、一日でも早くと予約を取り、大学病院へ。

大学病院の担当医師は、ひと目見て言った。

「わあ、大変だ！」

「先生、がんですか？」

「うん、間違いない。でも大丈夫！　僕が治してあげる」

この医師に、そして親神様・教祖に任せるしかない。ひとまずホルモン剤を投与し、ある程度小さくしてから手術という方針で、連休をはさんでの検査通院となった。

私は「悪いいんねんをまとめて一足先に引き取っておくから、残りの人生、お道の御用をしっかりつとめるようにとの、神様からのお知らせだと思う」と母に話した。

数日後、担当医から電話があった。

「手術の空きを待っていると、六月末になってしまう。手術はなるべく早いほうが良い。五月十四日なら空いているから、その日に手術をさせてもらえないか？」

そうであれば、「お願いします！」と言うしかなく、五月十一日に入院した。

母は常々、早く会長を交代してくれと言っていたが、このとき、私は「教祖百三十年祭までは母に会長職を務めてもらい、子供たちで心一つに支える」と心定めをした。

一週間で退院できるとのことで、ひと安心した。高齢での大手術とあって、家族は面会時間を制限されず、誰かが交代でそばにいるようにした。うまくいけば、どこにも知らせずに済むかもしれない、などと冗談も飛んだ。

だが、手術前日に事態が急変した。夕方から体温が三八℃を超え、当日の朝は採血、エックス線、ＣＴ検査と、何やらバタバタしていた。やがて、担当医から「今日の手術はできないかもしれません。詳しくは、また後で……」と言われ、待機。しばらくして、今度は「実は腸に穴があいていて、そこも手術しなければなりません。それを切るリスクより、切らないリスクのほうがはるかに大きいので、手術をさせてください」と。またしても「お願いします！」と、ただただ任せるしかなかった。

乳がんとは全く関係なく、腸に穴があいていた。二カ所の手術。医師たちが「こんなの初めてだ！」と言うのも無理はない。

午後三時半ごろ、母は手術室へ。夜十時半ごろに無事終了の知らせを受け、十一時半ごろに麻酔から覚めた母の顔を見るまで、それはそれは長い待ち時間だった。私たちは、親神様・教祖と、医師に、心の底から「ありがとうございます」と感謝した。

術後、私は近くの上級の教会に泊まって、朝から夜までできょうだいが交代で、いつも誰かがいるという態勢を取り、五月末に退院となった。

それまでとは、多くのことが大きく変わった。本人も私たちも初めてのことばかりで、試行錯誤の連続だった。一年ほどでだいぶ落ち着き、年祭に向かう新しい取り組みを思案し、おぢばへ布巾《ふきん》をお供えすることにした。母は手縫いで一枚一枚仕上げている。百三十枚の目標だったが、二百枚を超えた。いまは、あと六十枚を加えようと、百三十の倍のお供えを目指している。

大手術から二年。転移もなく、予想以上に経過も良い。そもそも失神がなければ、救急搬送もなかったし、がんの手術も他の病院だったかもしれない。救急であの病院に行けたから、すんなり紹介してもらえた。入院中だったから、腸の異変もわかった。そして当日、腸の専門医も勤務していて、二カ所の手術が無事にできた……。

こういうことを一般には〝奇跡〟とでも呼ぶのだろう。だが、曽祖父《そうそふ》の代から、この道の教えを知る私たちは、これこそ〝ご守護〟としか言えない。

良きようにしてくださる

中迫能婦子（なかさこ・のぶこ）
布教所長・77歳・奈良県

教祖百三十年祭活動の〝仕上げの年〟が明けた一月十日、自治会の新年会に元気に出掛けた夫が喀血《かっけつ》して倒れたと、世話係のご夫妻が知らせに来てくれました。

「奥さん、びっくりしないでね、ご主人は、いま救急車のなかにいて、病院の手配中なのよ。このまま家で待機していたら連絡が入るから、落ち着いていてね」と言って、そのまま私のそばに付いていてくれましたが、一時間近く待っても連絡が入りません。待ちきれなくなって、救急車が停《と》まっているレストラン前まで連れていってもらいました。

夫は、救急車のなかで応急処置を施されて横たわっていました。土曜日の午後とあって、十六カ所の病院へ連絡しても受け付けてもらえないので、仕方ないから県外の病院へ連絡しようと、救急隊員の方に言われました。その矢先、神様のご守護でしょうか、最初に希望していた大学病院が受けてくれることになりました。

それから数日間の検査があり、結果は、若いころの胸部の疾患が出ているが、感染症でないから心配なし、とのことでした。十日余りの入院で済み、半年余りが経過したいまは、ほとんど以前の生活に戻っています。大難を小難にご守護いただきました。

振り返ると十年前、教祖百二十年祭の旬には、四十二歳という若さで長男が出直しました。長男は、お道の話に聞く耳を持たず、神様を信じられないままに暮らしておりました。住まいが別だったこともあり、日常生活のことは分かりませんでしたが、ある日、大量の下血で病院へ運ばれ、末期の大腸がんと診断されました。

一回目の大手術の後、ほどなく回復し、職場へ復帰しました。病床にあっては教会の会長様、上級教会の会長様、また周りの人たちからもお話を聞かせていただき、信じようと努めたのでしょう。そして、藁《わら》にもすがる気持ちだったのか、それとも最後の親孝行のつもりだったのか、別席を運ぶ心定めをして、初席を運んでからは毎月欠かすことなくおぢばへ帰り、おさづけの理を拝戴《はいたい》してくれました。

その喜びもつかの間、ちょうど十カ月で再発し、二度目の入院生活が始まりました。私は親として何ができるかと考えながら、ほとんど毎日、おぢばと病院へ通いました。「親に先立つ不孝を許して」との言葉を残し、頑張り屋さんで職務に忠実だった長男は、厳しい闘病の末、「わが人生に悔いなし」と旅立ちました。花火が燃え尽きるような生涯だったように思います。

子に先立たれるほどの不幸はないと、世にいわれることもよく分かりました。十年が過ぎたいまも、一日とて思い出さない日はありません。「なぜ？　どうして？」と自問しながらも、教祖が秀司様、こかん様を亡くされたとき、ますますお勇みくださったお姿を、心の拠《よ》り所とさせていただいております。

もう少し早く長男の病に気がつけばよかった、ああしてやればよかった、こうもしてやればよかったなどと、主治医に話したこともありました。けれど、「人生、一秒なりとも後戻りはできません」と言われました。前進あるのみです。

神様が良きようにしてくださると、いまの自分の姿をたんのうして、二度の年祭の旬にお見せいただいた節をしっかり受けとめていきます。希望に燃えて、いつも輝いていた長男の姿を胸に、お与えいただく御用を夫と二人、勇んでつとめさせていただこうと思っております。

やさしい言葉、丸い心

丸山昌子（まるやま・まさこ）
主婦・57歳・アメリカ

いまから十年前、真夜中の二時過ぎに主人から〝帰るコール〟を受けて、玄関先に迎えに出ていたときだった。

「ガッチャーン」

静まりかえった住宅地に鳴り響く衝撃音。その音に驚いたネコが、猛スピードで走り去る。

路地の向こうに人影が見えた。と、こちらに向かって歩いてくる。えっ、主人？

「お父さん、今の音、どうしたの？」「えっ、何？　車は？」

居眠り運転で車を街灯にぶつけたのだという。

「人にけがはないの？　対向車は？」

現場を見て驚いた。一軒家を挟んだ表道路で、これ以上のご守護は考えられない。

街灯は、運転席ではなく助手席にぶつかったようで、その衝撃で道路に倒れていた。車は廃車にしなければならないほどへこんでいる。ありがたいことに同乗者はなく、主人も無傷で歩いて帰ってきた。奇跡だ。教祖がお守りくだされた。

ハッと気づいたとき、小さな木が見えたのでハンドルを切ったという。もし、この木に気づかず衝突していれば、街灯は主人を直撃しただろう。しかも、街灯が倒れる方向には家があった。屋根よりはるかに高い街灯は、倒れた衝撃で家を壊し、ご近所さんにまで被害を及ぼしていたかもしれない。

レッカー車を待つ間、家から持ってきたほうきで、道路に飛び散ったガラス破片を掃除しながら、すぐに頭に浮かんだのは、母の信仰の元一日だった。実家の母は、男が短命という家のいんねんを自覚し、入信している。私が嫁いだとき、母の信仰の元一日である実家のいんねんとは無縁だと、勝手に思っていた。

教祖百年祭の年に留学して二年後、アメリカ在住の日本人である主人と結婚。結婚の条件は、信仰が続けられる人と決めていた。願いが叶《かな》い、未信仰だった主人の元へ、玉島《たましま》大教会から岡﨑眞琴《おかざきまこと》会長の思いを受けて、初めて神実様《かんざね》が海を渡ってきた。事故は渡米から二十年後の、教祖百二十年祭の年のことである。

レストランを経営している主人は、「仕事に行くのが嫌《いや》だと思った日は一日もない。だけど、体がきつい。あと何年もつかなあ」と、家に帰ると独り言のように、私に向かってつぶやいていた。

「大丈夫、大丈夫」と無責任にかわし、お店は主人に任せっきり。私は、お道の活動が生活の中心だった。そのうえ、主人のビジネスがうまくいって繁盛しているのも、私が神様につないでいるからだと、本気で思っていた。そのため、主人にしてみれば私の振る舞いは身勝手で、天理教の〝にをい〟を感じるどころか、言葉と行動が伴っていないと、よく注意されていた。

実際、この日から二年前にも、主人は「こどもおぢばがえり」の引率でおぢばに向かう私を空港へ送った帰り、居眠り運転でガードレールに衝突している。奇跡的にけがはなく、ご守護を頂いた。さらに、その一年後には、実家の姪《めい》が居眠り運転による交通事故で、あっという間に出直してしまい、その悲しみも癒《い》えていないころであった。どちらも過労による居眠り運転だった。

そして、三度目の正直が私の目の前で起きた。私は神様からラストチャンスを頂いたように感じた。

神様は私に何を望んでおられるのだろう。

夫婦とは何か？　今日ここで主人が出直していたら……。

私に何ができる？　後悔はないのか……。

私は主人と話し合い、いままでのことを詫《わ》びた。これからの日々は、なかったかもしれない日々であり、ご褒美《ほうび》の日々。そうであれば、主人が後悔のない人生であったと言えるよう、支えていこう。ビジネスマンとして、やりたいことにチャレンジできるよう、陰で支えよう。そう心に決めた。

この日を境に、家庭が、夫婦が、徐々に治まってきたのが分かる。そして、いつも心に思い浮かぶのは、男が短命といういんねんを切り替えるため、短気な父に尽くしている、やさしい喜び上手の母の姿だった。

父は昨年、九十歳を迎えた。母は毎日、父におさづけを取り次いでいる。そして、交換日記と称した「喜び帳」を付けている。毎日の出来事に、嬉《うれ》しい、楽しい、ありがたいの連発だ。それを父に見せて、読んでもらっている。今年の帰国時に、九冊目だと言っていた。男が短命といういんねんを切る信仰が、年老いて「喜び帳」という、目に見える形になった。

「なんでも喜んで、喜びの種蒔《ま》きをしてちょうだいね」が母の口癖である。私も、いまを喜んで通ろう。主人を支えて通る自分の立場を、生かして通ろう。そうすれば、私にしかできないおたすけが必ず見えてくるはずだ。

教祖百三十年祭への〝仕上げの年〟は、多くのおたすけ先を与えていただいている。主人は、「出しゃばらないように、やさしく言いなさいよ」との言葉を添えて送り出してくれる。

「教祖、今日も一日、ようぼくとしてお使いください」とお願いして、私の一日が始まる。「やさしい言葉、丸い心」で今日も頑張ろう。

お手引きを種に

菅原辰彦（すがわら・たつひこ）
無職・75歳・埼玉県

　私は事あるごとに、私自身が経験した数々の神様のお手引きを〝話の種〟とさせていただいています。

　まず、昭和三十二年、十七歳のときのことです。大きな台風が甚大な被害をもたらしました。私の実家では家の屋根が飛ばされ、そばの水田に舟のように浮かんでいたそうです。そのとき私は、岩手県水沢市《みずさわ》（現・奥州市《おうしゅう》）の水道貯水池工事の作業員宿舎で、仲間と共に床に就いていました。一瞬の突風で屋根が半分めくれ上がり、窓が枠ごと頭上を飛び、反対側の窓を突き破って外へ落ちました。外へ出る間もない瞬間の出来事で、全員が思わず頭から布団をかぶっていました。工事現場の鉄筋が全部倒れてしまうほどの台風でしたが、命はたすかりました。

また、その年の冬、正月休みで実家へ帰ったときのこと。四〇度の熱が出て、少しも下がりませんでした。医者に来てもらい、風邪だろうと薬をもらって飲んでいましたが、一向に熱が下がりません。五日目に、兄に背負われてタクシーで別の病院へ連れていってもらいました。

兄が、お医者さんに「別のお医者に診てもらって風邪だと言われ、薬は飲ませていたのですが……」と言うと、「これが風邪なものか！　最初からうちに連れてくればよいものを」と怒鳴られました。急性肺炎だったのです。あとで聞くところによると、「あんたたちは本当に親か！　もう一日遅かったら手遅れになるところだった。なぜ、いままで放っておいた！」と、両親は医師に叱《しか》られたといいます。

一日遅れたら命取りだったと言われたにもかかわらず、私は一週間で退院し、その翌日には元の現場へ戻りました。水沢は一面、真っ白な大雪です。積雪が四十センチほどあり、駅からはバスもなく、タクシーも走れません。その雪のなか、額に汗して四キロほどの道を歩きました。胸に影が残っているから無理だと言われていましたが、若かったせいか、その後、再発することもなくたすかりました。

次にたすけていただいたのは、岩手県江刺《えさし》市（現・奥州市）、灌漑《かんがい》用水導水路隧道《ずいどう》工事の作業中のことです。縦横二メートル四方で長さ五十メートルくらいのトンネル内に、まるで馬の腹を真下から見上げたような大岩がありました。すぐに落ちるような状態ではなく、工事の邪魔になるほどでもないので、松の丸太で鳥居形に支柱を組んで支えていました。それほど危険を感じていませんでしたが、それが油断と言えば油断。私ともう一人が中に入って作業しているとき、突然に山が抜けました。要するに、落盤が起きたのです。

濛々《もうもう》たる土煙のなかで、何が起きたか分からず、恐怖を感じる暇もない一瞬のことでした。辺りを見回せば、そばにいた同僚が見当たりません。「どうした？」と思う間もなく、自分も首だけ出して埋まっていました。

絵に描いたような生き埋めになったのです。事態がのみ込めると、肩をゆすって夢中で土のなかから両腕を出し、そばにいたはずの同僚を捜そうと素手で掘りだしました。

幸いに砂地だったので、彼の頭が出てきました。「ビックリしたなあ、もう」という顔で、二人で照れ笑いをしましたが、笑っている場合ではありません。すぐに次の落盤が来るかもしれないということを、注意で聞いていたからです。

あとで調べてみると、鳥居形の支柱は、横木は鉛筆を手刀で切ったように折れ、縦木は斧《おの》で割ったように真っ二つに割れていました。いずれも五寸ほどの太さですが、二人とも、かすり傷もなくたすかったのでした。

さらに、それから半年ほどしたある日、石灰岩の採石場でのことです。岩山に穴を穿《うが》ち、ダイナマイトで崩して砕石するのですが、私は人里離れた山の上のほうの火薬庫まで、伝票を持ってダイナマイトを受け取りに行く役になりました。そして受け取って、近道を通って現場へ戻る途中、どうしたはずみか五メートルほどの坂をすべり落ちてしまったのです。

一日に使う分量のダイナマイトと雷管と導火線を肩に担いでいました。雷管一個でも靴のなかに入れれば、片足を失うほどの威力です。その雷管も大量に持っているのですから、もしショックで雷管が爆発し、誘発してダイナマイトが破裂していたら、いま、こうして原稿を書いていることもなかったでしょう。

また、あるとき崩れた岩を小さく砕く仕事中、頭上から机ほどの大きさの岩が音もなく落ちてきて、私に当たりました。何かしら気配を感じて上を見ると、まるで天井が落ちてきたようで、すぐに真っ暗になりました。つまり、気絶したのです。診断書には、「右側骨盤脱臼《だっきゅう》、臼蓋《きゅうがい》骨折、腰椎《ようつい》後部骨折、急性腎不全、右側外傷性座骨神経麻痺《まひ》、外傷性ショック」とありました。

一命を取り留めた私は、修養科二二九期に入り、その後、無事に定年まで勤めることができました。そして、これまでに三人の方を修養科へ導かせていただきました。

私は、別席を運べる年齢である十七歳から、いろいろな身上・事情をお見せいただき、たすけていただいてきました。それも実は、こうしていま、そのことを人さまにお話しして、お道を通る喜びを与えてくださるためであったのだと思っております。

祖父の手紙

奥本理恵（おくもと・りえ）
教会長後継者夫人・51歳・福岡県

お手紙拝見。おけがなされし由、如何《いかが》ですか。身体《からだ》の具合など如何や、案じてゐ《い》ます。

私も胸のいたみなほらず《お》、寝起きにも不自由乍ら《なが》、忙しいので少しづゝ田へ出てゐる状態です。所《ところ》が、貴女《あなた》のおけがと云《い》ひ、自分のけがと云ひ、いろ〳〵おさんげもした事ですが、貴女のお手紙をみて、又《また》考へてみるに、

「神さまがどうして足を立てゝ下さったか」と云ふ元一つの理を考へてみると、先生方や本人の真心は勿論《もちろん》だが、時旬に際して一つの不思議をお見せ下され、お道を

伸ばさうと遊ばさるゝ、神さまのおせきこみに依《よ》るに相違ない。（これ迄《まで》は一信者の信仰だが）そうして足が立った以上は、神さまのおもはくを第一とし、お助け人の卵として、自分の家内や子供との共栄を第二として、お道の台とならねばならぬ。そこで、これからは、自分の事や子供のことを考へる時には、必ず理の親や理の子供や匂《にお》ひがけの人々の事情などを真から考へさせていたゞき、その人々に喜んで貰《もら》ふために苦労させていたゞくべきだ。

すなはち、一信者からお助け人となる覚悟を、われ〳〵夫婦に神さまがお仕込み下さってゐるかも知れない。

こう考へて、神さまに心定めし、おさんげしましたら、何と不思議に、自分の胸のいたみがスーとらくになって、寝たり起きたりするのに、非常にらくになりました。貴女も、このおさんげでキットらくになると思ひますから、至急お知らせします。別封切手廿《二十》枚、貴女と二人前の理立てにおそなへ下さい。（後略）

これは、昭和九年に母方の祖父・宮川秀逸《みやかわひでいつ》が、祖母・宮川マツノに送った手紙です。

当時、祖父は三十七歳、祖母は三十三歳でした。

母の実家の宮川家は、島根県大原郡海潮《うしお》村（現在の雲南《うんなん》市大東《だいとう》町）で農林業を営んでいましたが、昭和に入って、身内の者が肺結核で次々と出直していきました。祖母も二十六歳のとき肺を患い、さらに胃潰瘍《かいよう》や神経痛など複数の病に罹《かか》って、八年間寝たきりの生活を送っていました。

やがて、近隣で布教をしていた安部庄蔵・ツネご夫妻が、祖母のもとへおたすけに訪れるようになりました。最初、祖父母は、安部ご夫妻が来られるのを快く思っていませんでした。しかし、ある日、母の上の兄の頭に大きな腫《は》れ物ができたので神様にお願いしたところ、一夜のうちにすっかり治ったことから信心するようになりました。

そして昭和九年の春、周りの人々に助けてもらいながら、祖母は決死の覚悟で、初席を運ぶためにおぢばへ帰り、教祖殿で八年ぶりに一人で立って歩くという、不思議なご守護を頂きました。あまりの嬉《うれ》しさに、祖母は「一生、神様のご奉公人となる」という心定めをして、帰宅しました。

ところが、身体のだるさが続いたため、安部ご夫妻の集談所へ参拝に行こうとした祖母は、途中で通行中の自転車とぶつかり、けがをしてしまいました。治るまでの十五日間、祖母は集談所に滞在しましたが、このときに、祖父と手紙のやりとりをしたようです。

それから祖父母は別席を運んで、おさづけの理を拝戴《はいたい》しましたが、これと前後して宮川家は、ある事情から負債を背負い、財産のほとんどを失いました。わずかに残った品物も、おたすけのために集談所へお供えして、貧のどん底を通りながら、祖父母は熱心に布教を続けました。が、六年後の昭和十五年、祖父は肺結核に罹り、おぢばで、四十三歳で出直しました。残された祖母は、四人の子を抱えながらも、「夫の働きを無駄にしてはならぬ」と、松江市内に家を借りて布教に出ました。

その後、祖母は昭和三十一年に眞澄水《ますみず》分教会の会長を拝命。以来三十数年、一人で教会を守りながら、信者さんの丹精に心を尽くし、九十歳で出直しました。

若くして祖父が出直し、八年間寝たきりだった祖母が長生きするとは、二人にとっては思いもよらぬことだったでしょう。けれども、祖父の出直しを最後に、宮川家からは肺結核で出直す人はいなくなったそうです。

祖父母は、夫婦そろって生涯を共にすることはできませんでしたが、まるでリレーのように自分の役割を果たし、協力してたすけ一条の道を通りました。二人の心は、離ればなれになっても、いつも一つであったと思います。

写真でしか知らない祖父と、厳しさを感じて近寄りがたかった祖母ですが、二人は私の誇りです。祖父の手紙と祖父母の生き方を心に刻み、及ばずながらも、祖父母のように、生涯おたすけ人として通りたいと思います。

晴れよし、雨よし、曇りよし

吉澤京子（よしざわ・きょうこ）
無職・75歳・福岡県

人生の大半をお道につながり、振り返れば、流転の紆余《うよ》曲折の日々でした。

私は十六歳で愛知県岩倉町《いわくら》（現・岩倉市）の小さな織物工場へ就職し、寮の賄《まかな》いのおばさんの手引きにより、岩倉町分教会にご縁を頂きました。以来、付かず離れずの期間も含めて約六十年が経《た》ちました。

実家は浄土真宗で、母は熱心な信徒でしたから、何事によらず寺に通い、私も子供ながらに法話を聞き、経を読み、寺庭を自分の庭と親しんだものです。しかし、仏教の教理は難しく、理解できません。その点、天理教はかくも分かりやすい身近な教えで、好奇心旺盛《おうせい》な私は、どんどん探究心を深め、勧められるままに別席を運び、それなりに満足しておりました。

その後、母の勧めもあって大阪へ移り、結婚して子供を産みましたが、「新生児メレナ」という病気のため大量出血で医者の手余りとなりました。一刻の猶予もないなか、夫と姑《しゅうとめ》を説得し、音信不通となっていました教会につながらせていただきました。幸い、長女はご守護を頂き、名前を「郁子《いくこ》」と命名しました。

そして一年後、男子を授かりましたが、今度は私が腎臓病とひどい貧血で、六カ月の入院を勧められました。病弱な夫と喘息《ぜんそく》の姑、二人の子供のことを思えば、不安と切なさが募るばかりです。「なんとしても生きなければ、生かしていただきたい」と、親神様にお願いいたしました。

入院中は、二代会長様と賄いのおばさんが、遠方からはるばる見舞いに来てくださり、おさづけとお諭しをしてくださいました。あふれる涙はとめどなく、はばかることなく、嗚咽《おえつ》した後は、すっきりとした気分になりました。この日を境に回復の兆しが見え、三カ月で退院いたしました。

あとで知った話ですが、このとき教会では神殿新築移転の真っただ中だったそうです。この大切な旬に、わが家が倒れないようお手入れを頂いたことに、心からお礼を申し上げた次第です。

時は流れ、岡山に移転したわが家に、子供の事情とともに大きな転機が降りかかりました。夫の勤務先で爆発事故があり、仲間の一人が目の前で死亡したのです。

幸い、夫は柱の陰で命拾いをしましたが、一瞬の惨事に身も心も空となり、食事も喉《のど》を通らぬ日々が続きました。人間の無力さや命のはかなさ、生きる意義などを真剣に考え、憔悴《しょうすい》しきった夫に、私は会長様に会うことを勧めました。おたすけをお願いできるのは唯一、会長様だけだと思ったのです。人柄は温厚で、知識は広く、何より聞き上手で、気配りが行き届き、誰もが尊敬する会長様でした。

天理教に対して、いささか疑心暗鬼になっていた夫は、会長様に会った瞬間、雲が晴れるがごとく明るくなり、「このお人だ。この人こそ人生の師として仰ぎ得る」と確信したと、いつもその日のことを述懐しております。間もなく夫は修養科へ進み、私も夫と入れ替わりで修養科、教会長資格検定講習会と学びを深めました。

平成二年に岡山から現在の福岡県に移り、終《つい》の棲家《すみか》と定めてから二十五年になります。長い道のりでしたが、ようやくわが家の春を迎えました。夫は十七年前から町のボランティアとして、小学校や老人ホームで竹細工や折り紙、切り絵などを制作しながら、教祖の御《み》教えを伝えております。

今年五月に三代会長様の奥様がお出直しになりました。五十八年間、会長様に添いきり、陰の力で私たちを支えてくださいました。言葉には言い尽くせぬご恩を胸に、残された三代会長様のご健康をお祈りし、四代会長様のもと、これからも精いっぱいつとめる所存です。

梅雨ながら今日は晴天。晴れよし、雨よし、曇りよし。楽しんで受ける心を勉強しております。

初めての親孝行

山内　博（やまうち・ひろし）
教会長・84歳・京都府

その当時の俺《おれ》は、世間の持て余し者だった。箸《はし》にも棒にもかからない、どうしようもない男。とにかく遊びでは誰にも引けをとらなかった（いまになってみれば、つまらない自負だが）。

母さんは、懇願するように俺をかき口説く。

「いまのままでは世間の誰もが相手にしてくれないよ。博、分かるだろう。弟も妹も、おまえに対しては振り向きもしない。むしろ避けて通っているじゃないか」

腹のなかでは分かっているさ……。

「頼むから天理教の修養科に入っておくれ。そして、人生のやり直しをするのだよ。何を言われてもハイ、ハイと言って、這《は》い上がるのだよ。長男のおまえがしっかりしてくれなければ、母さんは死んでも死にきれないよ」

すがりつかんばかりに話をする母の言葉を笑い飛ばし、「天理教の修養科？ そんな抹香臭《まっこう》い所へ行って、人生が変わるわけがない。ばかばかしい話だ」と、鼻の先で軽くあしらう。

そんな俺を取り巻く、世間から見放された集団が親衛隊のように付いてくる。

その後も、顔を合わせれば「修養科に入っておくれ」の一辺倒である。泣くように訴える姿に、だんだん心が変化してきた。

母さんの言葉を受け入れ、天理へ行く。それが、俺にできる一番の親孝行かな。そろそろ足の洗いどきかもしれない――気持ちが左右に揺れる。

よーし、思いきって母さんの言葉に乗るか！

「母さんには負けたよ。天理へ行くよ」

「ホントかい」

母さんは顔をクシャクシャにして、目から涙が吹き出している。俺まで目頭が熱くなってきた。

生まれて初めての親孝行――。

さあ、こうしちゃ居られない。早速、古びたボストンバッグに肌着を詰め始める。

そこへ、取り巻きの一人、悪友の斉藤がやって来て、物珍しそうに聞いた。

「ヒロシさん、何を荷造りしているの?」

「二、三日中に天理教の学校に入る。三カ月間、修養するんだ」

キョトンとしていた斉藤が言った。

「へェー、なんか面白そうだな。俺も付いていっていいかい?」

この交際、いまでも続いている。

「修養科に入るのに〝理の子〟を連れていくなんて、驚いたわ……」

母さんがビックリした。日を改め、母さんと俺と斉藤の三人は、横浜から京都府綾部《あやべ》市の天理教谿羽《たには》分教会へ行き、会長さんにあいさつをした。

「娘の百代《ももよ》も一緒に入る。よろしく」

なんの気なしに聞いていたが、何年か後に、彼女と結ばれようとは夢にも思わなかった。

三カ月の修養生活は、実に楽しかった。

母さんが「きっと、博の人生が変わる」と、確信を持って言っていたが、依然として粗野な性格。人より先に歩こうとする癖は直らない。きっと皆に迷惑をかけたんだろうなあと、振り返って済まなく思う。

昼食時間を待たずに弁当を早く食べ、授業はさぼる。したい放題だった。

一番楽しかったのは、ひのきしん。何も考えず、ひたすら汗を流す。世の中にこんな楽しいことがあったとは気がつかなかった。

いつも俺より一歩後に、会長の娘が控え目に付いていてくれていた。随分、小遣いを借りた（結局、返さなかった）。俺のこと、ハラハラしながら見ていたことだろう。

いつから仲良くなったのか思い出せない。なにしろ、会長の娘と同期生……それだけで大分反発したのに、現在は「夫婦」。神様は不思議なことをなさる。

無理やり母さんに頼み、結婚のお願いに、会長さんのもとへ行ってもらった。このとき、母さんの強さを初めて知った。

「人を幸せにするのが神様の願い。なんで反対するのですか?」

難色を示す会長さんに対し、堂々と反論した母さんに、いまでも敬意を抱いている。

会長さんが出直したあと、妻の二人の兄が四代、五代の会長となったが、その後紆余《うよ》曲折の末、六十八歳の私が六代会長をお受けすることになった。

喜び上手

高橋和代（たかはし・かずよ）
会社員・44歳・千葉県

数年前から左胸に異常がありました。毎年の検査では良性と言われていたので、特に治療することもありませんでした。私は、無事に通らせていただけるようにと、教祖百三十年祭への三年千日の間、毎月ご本部へ参拝させていただく心定めをしました。

折り返しの二年目の六月、検査の結果、乳がんであると宣告されました。予定よりも早く検査結果が出たため、心の準備もできないまま一人で聞きました。声も出せず、涙がただポロポロと流れるだけでした。病院を出た私の頭のなかは真っ白。一方、目の前は真っ暗で、放心状態でした。

病院から自宅まで車で五分しかかかりません。でも、私が向かったのは、車で三十分の会社でした。運転しながらも涙は止まらず、この先どうなってしまうのかという不安に、心が押しつぶされそうでした。会社に着いた私が、まず思ったことは、「ここには私のことを知っている人がいる。私は一人じゃないんだ」ということでした。社長や同僚に病名を告げたとき、私自身は取り乱してしまったのですが、社長も同僚も冷静に受けとめてくれました。

その夜、所属教会の会長さんも含めて、今後の治療についての話し合いが行われました。初代と三代会長が、がんで出直されているので、会長さんの思いも聞かせていただきました。こんなとき、すぐに思い浮かぶのは「修養科」ですが、会長さんは「落ち着いて、まず大きな病院でよく検査してもらってから」と言われました。

インターネットで乳がんの治療に定評のある病院を調べました。周りの人からも「この病院はいいらしいよ」と勧められましたが、最後はどんな結果になったとしても、誰のことも責めたくなかったので、自分の信じた病院を選びました。

そして、車で片道三時間もかかる病院への通院が始まりました。私の周りには乳がんになった人がいないので、話を聞きたくても、アドバイスをくれる人もいません。でも、この病院には、話を聞いてくれてアドバイスもしてくれる専門のスタッフがいました。私がこの病院を選んだ理由の一つでもあります。

母と一緒にアドバイザーの先生から、いろいろと話を聞きました。私は先生のおっしゃることをノートに書きました。すると、先生が「私はたくさんの患者さんと向き合ってきましたが、ここまで病気に前向きな人は少ないですよ」と言われました。「前向きなわけではありません。不安で不安で仕方がないんです。頭のなかに先生の言葉が入ってこないので、こうしてノートに書いておいて、少し落ち着いたころに読み返せばいいな……くらいにしか思っていないんです」と言って、苦笑いをしました。

でも、先生は「ここに来る人たちは、自分の殻に閉じこもってしまって、声をかけても返事をしてくれない、目も合わせない人が多いのよ」と。私は、その言葉で気づきました。病名を宣告されたとき、すぐ家に帰ってしまっていたら、きっと大泣きして、部屋に閉じこもっていたことでしょう。そうならないように、神様が私を職場へ導いてくださったのだと思いました。私は一人じゃない、みんながいてくれると早い時期に気づき、すぐに病院探しを始めたのも、神様が手を引いてくださったのだと、本当に嬉《うれ》しく思いました。

先生は「この病気は、これからますます増えていく。だから、あなたの身内にも、なる人がいるかもしれない。そのときは、あなたが手を引いてあげなさい。あなたなら、きっとできるから」とも言われました。

病名を宣告された日の夜、会長さんが「和代がヤダヤダと言っても、神様が用意した道なら通らにゃならないんだ。どうせ通るなら、喜んで通らせてもらえ。その道は和代しか歩けない道だけど、すぐ隣の道を、みんながおまえのことを応援しながら一緒に歩いているぞ」と言ってくださいました。いままで病気らしい病気をしたことのなかった私が、乳がんと言われて不安がないわけはない。でも、喜んで通ることが神様にも喜んでいただけることなら、と思えました。

いままでやったことのない、たくさんの検査も、「この身上になったからこそできる経験」と思えるようになりました。身体《からだ》の一部を神様にお返しするという、つらい気持ちさえ、「このつらさを知ったら、同じ身上になった人に心から寄り添うことのできる人間になれる」と思えるようになりました。おかげで初めての入院生活も、毎日笑いの絶えない日々を通らせていただくことができました。

この道を通らせていただいている間に、私の友達も同じ身上になりました。神様はきっと、彼女の支えになれるように、前もって私に身上を下さったのだと思いました。

この身上になって、私はたくさんの方々に寄り添っていただきました。心が倒れそうになると、みんなが支えてくれました。毎日おさづけを取り次いでくださった方や、お願いづとめをしてくださった方々。私と一緒に泣いてくれた人や、眠れない夜にメールを送ってくれた人――。一人だったら、喜び勇んで笑顔で通ることなど、できなかったと思います。

友達から、「和代ちゃんは喜び上手だね」と言われました。こんな状況を喜んで通るのは難しい。難しいけれど、一人ではなく皆で通らせていただけたから、私は悲しみを喜びに変えることができました。たくさんの方々に支えてもらった分、今度は私がみんなを支えられるように、心から寄り添い、励まして、喜んで一緒に通らせていただける人間になれるように、今後も少しずつ成人していけたらと思います。

節にこもる親心

永石明美（ながいし・あけみ）
パート・56歳・長崎県

昭和三十六年ごろ、祖父は精神の身上で三年あまり寝込んでいました。それに加え、叔父《おじ》が水俣病《みなまたびょう》だったそうです。病気のために足が立たなかったところを、島原《しまばら》分教会の方がおたすけに通われていました。なんとかご守護を頂いてもらいたいとの真実から、当時、若先生だった岩切正幸《いわきりまさゆき》前会長様が、叔父を背負っておぢばまで連れていってくださったそうです。いまの時代のように交通の便も良くなく、時間もかかったことと思います。

しかしながら叔父は、修養科へは入らず、三カ月おぢばに滞在しただけだったそうです。おぢばでの三カ月が過ぎ、自宅へ連れて帰りましたが、叔父の水俣病はご守護いただけませんでした。その代わり、三年間寝込んでいた祖父が、精神病をご守護いただき、起きて働けるようになったそうです。

祖父は神様のご恩をご恩と思えず、そのときは信仰するまでに至りませんでした。ご恩を感じる心が鈍いのは不徳の兆しと言いますが、さらなる身上・事情をお見せいただくことになりました。

昭和五十一年、教祖九十年祭の年、ある事情が起こりました。その数年前から、今度は父が精神の身上になり、家庭も治まらない状態でした。幻覚が見え、一切を信用できなくなり、家族や周囲の人を疑うようになりました。そして、ついに過ちを犯し、最後は自殺という最悪の事情でした。

事件当日、私と弟は学校に行っていました。いまでこそ田舎でも事件は起こりますが、当時としては例のないショッキングな事件だったと思います。その後、永石家の親戚《しんせき》とはすべて縁が切れてしまいました。母の実家の方々が手厚くお世話をしてくださり、そのなかの叔母《おば》が熱心に天理教を信仰していました。その方のお世話取りで、母も私も教会へ足を運ぶようになりました。私は高校を卒業後、農協に勤め、結婚前に三年間、教会に住み込ませてもらいました。その後、家に神実様《かんざね》をお祀《まつ》りし、今日まで信仰させていただいております。

私たちは身上や事情の節を頂いたとき、とかく他人や周囲に原因を求めようとしますが、神様のほうへ目を向けてみると、この節を通して良いようにしてやろうという、深い親心があります。

節を頂くなかで、一番つらいことは、いんねんでの苦労です。今生積んだ心のほこりが原因なら、身に覚えもあるでしょうし、諦《あきら》めもつくかもしれません。しかし、前生、前々生、もっと前の人生で積んだほこりは私たちには分かりません。一生懸命に信仰していても、身上や事情に悩み苦しむことがたくさん出てきます。身に覚えのない苦労、それが前生いんねんの姿だと思います。

「たんのうは前生いんねんのさんげ」と聞かせていただきますが、たんのうとひと言に申しましても、簡単にできることではありません。つらいことは、やはりつらいものです。その成らんなかをたんのうするには、いんねんの自覚が必要だと思います。信仰の元一日を忘れなければ、「初代に比べたらありがたい」「あのときからすれば、いまは結構だ」と、たんのうする心ができてくると思います。

それでも、いまの状況が苦しくて喜べないときには、まずは神様にお詫《わ》びをいたします。「覚えてはいませんが、前生でこんな悪い心づかいをしました。だからいま、こういう身上・事情を見せられているのですね」と、神様に心を向ければ、神様がほうきとなって、ほこりを掃除してくださいます。そして、だんだんと我慢から、たんのうへと変わっていきます。たんのうができれば、節から芽を吹くご守護が頂けます。喜べないなかをたんのうに近づく努力を重ねることで、年限が経《た》ったとき、あのときの身上のおかげで、事情のおかげでと、本当に喜べる日が来るはずです。

このたびの諭達で、真柱様は「時として、親神様は子供の行く末を案じる上から、様々なふしを以《もっ》て心の入れ替えを促される」とお示しくださっています。

神様は幾度となくお手引きをされて、永石家をお道に引き寄せてくださいました。神様の思いがあって、島原分教会だったら永石家はたすかると、島原の理につないでくださいました。この道なくして満足に通れる日は来ないと、深い親心をお掛けくださいました。教祖の御教《みおしえ》えは、宗教といった小さい枠におさまる教えではありません。神様のご恩に報いる、人としての本当の生き方だと信じています。

永石家の信仰は遅々たる歩みですが、いまでは家族で信仰の話ができるようになりました。信仰以前の姿からすると、本当に結構な姿をお見せいただいております。たすけていただいたご恩を片時も忘れず、末代かけてご恩報じの道を歩ませていただきたいと思います。そして、どんななかでも喜び勇んで通られた教祖のお心を身につけられるよう、心の成人につとめさせていただきます。

年祭の旬に導かれて

橋本佳則（はしもと・よしのり）
布教所長・65歳・奈良県

わが家は父の代からの信仰です。妻と二人の息子、八十六歳になる母の五人家族で商売を営んでいます。

私は、十数年前から血小板増多症で「憩《いこい》の家」病院にかかり、経過観察になっていました。平成二十四年十二月、いつものように受診し、検査結果を聞くために診察室に入ると、何となく張りつめた空気が漂っていました。

主治医の先生が難しい顔で、こう言いました。

「いままでは出現しなかった、危険因子とされる骨髄芽球《こつずいがきゅう》が出ています。末梢血《まっしょうけつ》に出るということは、白血病の可能性が大です。骨髄検査をして詳しいことを調べてみますが、もし白血病なら骨髄移植が一番の治療法です。そうなると、二人の息子さんにも骨髄適合検査をしてもらいますので、その説明をしておいてください。同時に、骨髄バンク登録もしたほうがいいと思います」

突然のことで頭のなかが真っ白になりました。帰宅して妻に報告すると、彼女も動揺していましたが、「教祖百三十年祭に向けて成人するようにと、神様がお導きくださされているのではないでしょうか。会長さんに相談しましょう」と言ってくれました。息子たちに伝えると、いつでも協力すると頼もしい言葉です。

早速、会長さんに相談させていただくと、「布教所を開いてください」と言われました。布教所の話は父の代からありましたが、これまで具体的に進むことはありませんでした。まさか私の代で開設することになるとは考えたこともなかったので、自信もなく、なかなか受け入れることができませんでした。妻の心は決まっていたらしいのですが、夫婦で話し合っても結論が出ないまま、新しい年が明けました。

新年早々、教会の奥さんから妻に、本部のお節会《せち》ひのきしんに行ってもらえないかと、お話がありました。そのとき妻は、私が快く布教所の話を了承するための手掛かりを、神様から頂けるのではと思ったそうです。

ひのきしん終了後のこと。後ろからトントンと肩を叩《たた》く人がいるので妻が振り返ると、大教会の奥様が立っておられました。奥様は「ご主人、その後どうですか？」と言葉をかけられ、私に修養科を勧めてくださったそうです。〝これこそ神様のお導きだ〟。そう感じた妻は、帰るとすぐに、そのことを話し、「家のほうは大丈夫やから」と言ってくれました。

妻の熱意に頭の下がる思いがしました。私のいない三カ月間、一人で朝七時半から夜七時まで店を開けるのです。私は修養科に入る心定めをしました。

一月十八日、教会の春季大祭の際に、会長さんに心定めをお伝えし、四月から修養科に入ることになりました。一月二十一日、大教会の大祭に参拝させていただき、午後から「憩の家」を受診しました。再度の血液検査と、前回受けた骨髄検査の結果を聞くためです。

先生の前にドキドキしながら座りますと、前回の診察時と打って変わって、ニコニコしています。

「大丈夫ですね。心配しましたが、いまのところ白血病にはなっていません。今日の血液検査で、骨髄芽球も出ていません。骨髄の繊維化と、脾臓《ひぞう》に少し腫《は》れがありますが、これからは経過観察していきましょう」

「ありがとうございました！」

私は感謝の気持ちで胸がいっぱいになりました。一緒に話を聞いていた妻の目も潤んでいます。すぐにご本部に参拝させていただき、親神様にお礼と感謝の気持ちを申し上げました。

三月末から修養科に入りました。教祖百三十年祭へ向かう旬に修養させていただける――。その喜びに、胸が熱くなりました。修養科中は、クラスの仲間や教養掛の先生方によくしていただき、連日おさづけを取り次いでいただきました。その気持ちに応えようと、私もできるだけおさづけを取り次がせていただきました。

修養科中、同じクラスの方が「いま橋本さんが、こうして結構なご守護を頂けているのも信仰のおかげですよ。信仰がなかったら、いまごろ無菌室のベッドの上で寝ているところです。帰られたらぜひ、布教所になってください」と言われました。まさしく親神様の思召《おぼしめし》と思い、はっきり心を定めることができました。

修了後、会長さんに心定めをお伝えしました。そして、大教会長様に「上真《じょうしん》布教所」という立派な名称をつけていただき、平成二十六年三月二十三日に奉告祭を勤めさせていただきました。

今年は教祖百三十年祭活動の〝仕上げの年〟です。教会の会長さんを芯に、私たち信者が一丸となって、定期の本部参拝、その後の基礎講座の受講、月例ひのきしんなどをさせていただいています。また、信者がそれぞれ「おたすけ手帳」に身上・事情の人の名前を記入してたすかりを願い、毎日夜九時にお願いづとめをさせていただいています。

まだまだ未熟な私ですが、親神様・教祖にお喜びいただけるよう、にをいがけ・おたすけにつとめていきます。

老母に歌った子守唄

谷口久美子（たにぐち・くみこ）
無職・79歳・三重県

一人娘の私は二十六歳のとき、夫を婿《むこ》養子に迎え、親と同居で結婚生活を始めた。狭い借家住まいだったため、自分たちの家を持つことを夢見て、一歳になる娘を母に預けて近くの工場へ働きに出た。その後、一男三女の子持ちとなり、母には乳飲み子を含め四人の孫の面倒を見てもらうことになった。大変な毎日だっただろうが、ひと言の愚痴《ぐち》をこぼすこともなく、私を助けてくれた。

おかげで十年後に、念願のわが家をお与えいただき、子供も無事に成長した。これで母に楽をしてもらえると、ほっとしたときである。日々の暮らしのなかで、母が物忘れをするようになった。年のせいだろうと、気にせずに過ごしていたら、予期せぬ出来事が起こった。

ある日、教会で上級の先生のご講話があった。会社を休めない私に代わって、母が出席してくれた。ところが夕方、仕事から帰ると、母はまだ帰っていなかった。不審に思って教会に電話すると、「お母さんは、お話の途中で急に帰られました」とのことだった。教会のほうでも心配して、車で捜してくださったところ、路線バス通りを一人で歩く姿を見つけ、家まで送ってくださった。

安堵《あんど》と腹立たしさで、「どうして、こんなばかなことをしたのッ」と声を荒らげた。すると、「バスでちゃんと帰ってきたよ」と、けろりと答えた。いまでこそ認知症という言葉はよく聞かれるが、当時の私は何の知識もなく、ただただ不安でならなかった。

父の実家は教会で、二代会長様は私にとって唯一の信仰の師であり、頼れる方であった。この出来事を相談すると、「それはいんねんが出てきたのだから、一家で心を一つにして、お母さんを大切にしてあげるよう」と諭された。その夜、家族で話し合い、みんなで努力しようと話がまとまった。

だが、それはたやすいことではなかった。仕事から戻ると、家のなかに焦げ臭いにおいが充満している。ガスコンロの火の消し忘れであった。買ってきた大量の魚が台所に放置されていたこともあり、これ以上、母に家事は任せられなくなった。

以後、毎朝、出がけにガスの元栓《もとせん》を締めて出勤し、昼休みに戻って母に食事をさせるようになった。だが、家事を取り上げたことで、母の目はおのずと屋外へ向けられ、外を徘徊《はいかい》するようになった。地域の民生委員の方が家に来られて、「老人施設をお世話しましょう」と申し出てくださったとき、私は、きっぱりと仕事を辞める決心がついた。

家で母を介護する生活がスタートした。すでに私が実の娘とも分からず、正常な会話すらできなくなっていた。外での徘徊は止められたが、今度は家のなかを、意味の分からない言葉を発しつつ、一日中ぐるぐると動き回る。目も耳も覆いたかった。

教祖が大好きで、信仰熱心だった母。ミシン仕事が得意で、私や孫の着るものをすべて縫ってくれた、すてきな母だったのに。一片の面影もなかった。

こんな日々がいつまで続くのだろう。家族に迷惑をかけるようになったらどうしよう。私は追い詰められていた。

そんなとき突然、会長様が訪ねてきてくださった。母のありさまを見るなり、「お母さんともっとしゃべって、発散させてあげないと駄目だよ」と言われた。そんな気力さえなくしていた私は、「できません！」と答えた。涙がぽろぽろこぼれた。

「しゃべってあげることで、いんねん果たしができると思えば何でもない。そしたらな、神様が楽に介護できるようにしてくださるから」

会長様の言葉を聞いて、切羽詰まった心に一条の光が射し込んできた。

翌日から心機一転、子育てをもう一度する気持ちで母と向き合った。他愛《たわい》ない一方的なおしゃべり、朝夕の散歩、二十六日は電車でおぢば帰りをした。カメラが趣味の私は、思い出に残るよう写真を撮った。ファインダーを覗《のぞ》くと、険しかった母の表情が、穏やかになっていることに気がついた。さらに、私を困らせていた行動がなくなり、母と過ごす時間が楽しく幸せに感じられるようになった。この心の変化こそが、大きなご守護にほかならないと受けとめている。

それから一年、わが家は母を中心に平穏な毎日が続いたが、風邪が元で母は初めて床に就いた。ある朝、様子を見に行くと急に起き上がり、私の顔を穴のあくほど見つめて

「すまなんだなあー」と、はっきりとした口調で言った。虚《うつ》ろだった目まで、昔の眼差《まなざ》しに戻っていた。しかし、それも一瞬のことで、再び眠りについてしまった。三日後、母は静かに出直していった。七十八歳だった。

このことを会長様にお話しすると、「それはな、あんたが親孝行できたから、神様が言わせてくださったんだよ」と言われた。私は言葉にならない感動を覚えた。

晩年の母の身上は、私にとって大きな節だった。十年という月日は、喜べる日ばかりではなかったが、会長様の導きによって無欲で親神様にもたれきれたとき、最高のご守護を頂いて切り抜けさせていただいた。この体験した節こそが宝だと信じている。

神様との約束

新井政江（あらい・まさえ）
主婦・70歳・栃木県

「天理に秋はないよ」

同じクラスのGちゃんが言っていた。冬の到来を思わせる寒い日、修養科修了間近の十一月であった。

残暑真っただ中の八月末、私の修養科八八一期生としての生活が始まった。暑い暑いと言いながら汗だくの日々を夢中で過ごすうちに、いつの間にか境内地の鮮やかだった緑の木々たちが一斉に色づき、素晴らしい秋色を見せた。それもつかの間、確かに秋は短く、私たちは境内地の落ち葉掃きに励むようになった。それは八八一期の修了の季節を意味した。夢のように過ぎた三カ月だった。

家が教会の隣であり、教会のKちゃんとは同級生だった。だから、小さいころから天理教は抵抗なく私の心に入り込んでいたのだと思う。初めておぢばに帰ったのは、修養科に入ったKちゃんの陣中見舞い。半世紀も前のことだ。天理駅に降り立ったときの、なんとも言えない安堵《あんど》感。いまでも同じ感覚に包まれる。そのときが初席だったと思う。

その後、結婚して長男を妊娠し、勧められるままに疑うことなく、をびや許しを頂いた。おかげでつわりもなく、安産だった。次男もをびや許しのおかげで安産だったが、生後一カ月健診のとき、医師から先天性の心臓疾患があると言われた。まだ小さくて検査できないので、四歳くらいまでに入院して精密検査を受けるよう指示された。その結果によっては、手術も必要とのことで、非常に驚いた。この先どうしたらいいのか、不安でいっぱいの日々だった。

それでも、会長さんから頂いたお諭しの言葉が、「ああ、このことか！」と、私の胸にストンと落ちて、とても素直に聞くことができた。それからは、次男のために陰徳を積むべく、精いっぱい御用に励んだ。

そんなとき、教会に元「憩の家《いこい》」の院長だった、山本利雄先生が巡教でお見えになった。次男の心臓のことをお話しすると、「いま聴診器を持ってないが、こちらへ」と言って、次男の胸にご自分の耳を当てられた。そして「これは穴のあいている音ではないが、しっかり検査してもらいなさい」と言って、「憩の家」小児循環器外来部長先生に宛《あ》てて、直々に紹介状を書いてくださった。早速、会長さんに「憩の家」へ連れていっていただいて、入院検査の結果、手術しなくてもいい状態だと分かった。親神様の不思議なお働きに涙した。

そのとき、親神様へのお礼と、これからのご守護を願い、修養科に入ることを神様に誓った。しかし、「いまは子供三人が小さいので、いずれ必ず行きます」という条件つきだった。

その代わり、同居している私の母に、修養科に入ってくれるようお願いした。未信の母は嫌《いや》がったが、可愛《かわい》い孫のため、三カ月間つとめてくれた。いま思えば、修養科の何たるかも分からず、すごいことを頼んだものだと思う。五十八歳だった母が通ってくれた修養科に、今回入らせていただいて、いまさらながら感謝している。

夫には、子供をダシに、夏休みの家族旅行と称して毎年天理に寄り、別席を運んでもらった。何回目かの旅行で満席となったのも、いまでは懐かしい思い出である。

とはいえ、その道中には、長男の事情や三男の身上など茨畔《いばらぐろ》も崖道《がけみち》もあった。しかし、それぞれ子供たちが、修養科に入ったり別席を運んだりすることで、大難を小難にしていただいた。

私の尊敬する、いまは亡き前会長さん(Kちゃんの母上)が「神様は、あなたの〝つくし・はこび〟を天の帳面にきちんとつけてくださっている。のちのちは一粒万倍にして返してくださるからね」と、よく言ってくださった。その通りのもったいない日々であったが、あの約束が忙しい日々に流され、いつかいつかと思いつつ、延び延びになっていた。

教祖百三十年祭のお打ち出しがあり、この機を逃してはならないと、平成二十六年九月、修養科に入った。

おぢばは不思議な所で、この期に入ったのも、神様のお引き寄せだったのではないかと思うことが多々あった。特に、クラスで仲良しになった同年代の三人とは常に行動を共にし、おかげで女学生に戻ったような楽しい三カ月を過ごすことができた。皆それぞれ抱えている事情は異なるが、ひたすら教祖を慕って、教祖殿で祈る心は一つであったと思う。

そのなかのMさんとは詰所も近く、いつも一緒に帰った。修了間近になり、二人とも涙ぐみながら、いつもの別れ道で「また明日ね」と、さよならしたことを忘れない。

こうして神様との約束を果たし、修養科で学んだ尊い教えや、温かい人たちとの思い出、そして目の当たりに見たご守護やたすかりなどを、折にふれて話の種にし、神様の思いを人さまに伝えていきたいと思う。ささやかなことだが、いま、車で十五分ほどの教会へ日参を続けている。

心にいっぱいのご褒美

簀戸日出子（すど・ひでこ）
主婦・72歳・広島県

平成十八年八月十九日、私は地元の方々とお祭りに出すご馳走《ちそう》を朝から作っていました。昼になり、夕方五時に集まる約束をして別れました。そのとき、フッと軽い目まいがしました。

家に帰って食事をしていると気分が悪くなり、少し休もうと思って二階に上がりました。なんだか体の調子が、いつもと違います。トイレに行こうとしても動けません。ちょうど階下に人の気配がしたので、大声で助けを求め、救急車で福山の病院へ運んでもらいました。診断の結果、脳梗塞《こうそく》と言われました。

七日ほど入院しましたが、それから何事もなく十二月になりました。ある日、外から家に戻って玄関に入ったところで、激しく戻して倒れました。救急車で運ばれ、二度目の入院です。

病院では、さまざまな処置を施されていることが分かっているのに目が開けられず、口を開けても声が出ません。先生が、主人や子供たちに、私がもうこのままかもしれないと話していました。娘は大きな声で「いま母は六十二歳です。若いときから苦労の多い人生だったように思います。あと十年、幸福でいてもらいたいので、私の家で母の面倒を見させてほしい」と、皆に頼んでいました。

先生は「手当てが済んでから、家族で決めてください」と言われました。

娘はそれから毎日、車で一時間かけて、おさづけの取り次ぎに病院まで通ってくれました。私のことをたすけたいと、親神様・教祖に必死でお願いしてくれます。私は涙いっぱいで、親神様に心の底からお礼を申し上げました。

あとから聞いた話では、そのとき私がいた階には、死を待つ人々が入院していたそうです。娘がそのことを知っていたかどうか分かりませんが、一週間が過ぎたとき、私の部屋は六階に替わりました。もう大丈夫だというお話でした。主人も子供たちも、それはそれは喜んでくれました。私が倒れたとき、遠いところから一番におたすけに来てくださった会長様と奥様にも、すぐに報告しました。

早いもので、それから九年になります。その後、私は三年近い日々のことを思い出せないまま今日に至っています。

脳梗塞の後、すぐパーキンソン病になり、身体《からだ》の左側が少し不自由になりました。目も見えづらく、つらい日もありますが、一カ月に二度ほど、当時住んでいた所へ帰ることがあります。私を知っている方々は道で会うと、しっかり抱きしめてくれます。おそらく病気でつらそうな顔をしているだろうに、「ひまわりのよう」とか、「あなたの笑顔を見るだけで元気が出るわ。やっぱり天理さんはちがうね」とも言ってくれます。ありがたいことです。

教会の月次祭に帰らせていただくと、会長様がおさづけを取り次いでくださいます。先ごろ、身体障害が六級から二級になりました。身体は神様からの借りものと教えていただきます。六十二歳から少し不自由にはなりましたが、病院の先生は「あなたのような状態であれば、とっくに動けないはず」と言われます。不思議なご守護で通らせていただく日々に、お礼を申し上げています。

発症から九年、主人は毎朝変わることなく、笑顔でおいしい朝食を作ってくれます。若いときはいろいろありました。神殿で泣いた日もありますが、こんなにすてきな日々がやって来ました。身体は病んでつらいけれど、夜ふっと目が覚めると、主人が私の手の届くところで眠っています。私が何をするにも、たすけてくれる娘もいます。その娘の次女にかわいい女の子、息子の長男にもかわいい女の子。主人と私には、子供二人、孫五人、曾孫《ひまご》二人をお与えいただき、楽しい日々を送らせていただいています。

人生、形に残るものは何もなくなりました。でも、心のなかに、神様からいっぱいご褒美《ほうび》を頂きました。

世界へ神名流し

木内　明（きのうち・あかし）
教会長・68歳・秋田県

神名流しを始めたのは、教祖百年祭へ向かう昭和五十八年、三十六歳のときであった。今年で三十二年も続けさせていただいていることに、あらためて驚いている。

昭和五十年、私たち夫婦は教会の後継者として、八十歳を過ぎた女性の会長さん一人がおられた現在の教会に入らせていただいた。教会の建物は大正時代からそのままで、私たちの住む部屋もなかった。狭い参拝場の畳三枚分を仕切って部屋にし、二人目の子供が生まれるまでそこで過ごしたが、枕元は雨漏りがし、天井の隙間《すきま》から星が見える、実にロマンチックな日々であった。土地は五十年も借地で、地代の支払いもままならず、そのうえ地主からは立ち退《の》きを迫られていた。

そんななか、長女が七歳のとき、猩紅熱《しょうこうねつ》という法定伝染病（当時）にかかった。医師に入院を断ると、自宅で隔離するよう言い渡された。私は娘の身上のことよりも、医師の「隔離」という言葉が妙に気になった。

単独布教師のことを思えば、私たちの暮らしは、これでもありがたい、結構だと思って過ごしている。しかし、ふと我《われ》に返ると、この先どうなるのだろうと一抹の不安に駆られることも度々だった。そんなころの娘の身上であり、これは一体どう思案したらいいのかと思いを巡らせた。娘を隔離せねばならないということは、外へ向かっていない親の心づかいが、身上の元になったのではと思った。そして、お道の本で以前読んだ、ある布教師が神名流しをしているという話をふと思い出し、私もとにかく外へ向かってみようと決心した。

早速、翌朝から町の小さな駅の前に立ち、ハッピを着て拍子木を打ち鳴らしながら、みかぐらうたを声高らかに唱えた。一日目、二日目、三日目と続けるうちに、なんとなく清々《すがすが》しい気持ちになってきた。親神様の大きなふところに抱かれているようで、小さな小さな人間思案や、先案じの不安も忘れて、どこまでも親神様とともに歩む喜びと勇み心を与えていただいた。そして、娘の身上もすっきりご守護を頂いた。

以来、神名流しを毎日続けさせていただくうちに、いろいろな出会いや不思議をお見せいただいた。

ハッピのふところにお供えを差し入れて拝んでいく人、お酒を神様にお供えしてくださいと頼む人、写真を撮っていく人……。声をかけられたのがきっかけで、それから二十五年目の今年、晴れておさづけの理を戴《いただ》かれた人もいる。教養掛などの御用でしばらく行かないと、駅近くの人から「ちゃんと真面目に、休まないでやりなさい」と注意されたこともあった。

ほかにも交通事故の直後の場面に出くわして、おさづけを取り次がせていただくなど、長い年月の間にはいろいろなことがあった。全く親神様のお働きとしか思えない。

神名流しの直接のおかげとは言えないが、始めてから四年目の教祖百年祭の年には、教会の移転地をお供えいただき、神殿普請もさせていただいた。これも、大きな大きな親神様の親心と、多くの人々の真実のおかげと悟らせていただいている。

さらに、平成二十年のある日、見ず知らずの女子高校生から電話があり、私が駅前で拍子木を打ちながら歌っていることについて尋ねたいと言われた。聞けば、全国高等学校放送コンクールに出るので、その題材にしたいのだという。いつごろから、何のためにさせていただいているのかを丁寧に説明すると、「ありがとうございました。どうぞ、これからも頑張ってください」とのお礼で電話は終わったが、果たして放送コンクールでどう発表したのかは知らない。それよりも、彼女が神名流しを題材にしてみようと思ってくれたことが嬉《うれ》しかった。教祖が彼女を通して、私を励ましてくださったように思えて、あらためてお礼を申し上げた。

八方塞《ふさ》がり、それはつらい節であると同時に、大きくたすかる旬でもある。節から芽を出すか、節から折れてしまうかの境目は、その節の渦中からちょっと外へ出て、親神様の大きな親心にふれることができるかどうかだと思う。私にとっての渦の外は、神名流しであった。

まだまだ届かぬことばかりだが、今日もまた世界へ神名を流しに、勇んで行かせていただこう。新しい出会いを楽しんで。

七十にして旬

藤田暁美（ふじた・あけみ）
無職・71歳・埼玉県

あれから、もう五年ほど経《た》ちます。

私は病気で仕事を続けることができなくなり、自分で立ち上げた会社も閉め、精神的にも肉体的にも落ち込んでいました。片方の目がよく見えなくて、膝《ひざ》も曲がらないので、出歩くことも少なくなっていました。

みぞれの降る冬の寒い日に、一人の青年が訪ねてきて、「お祈りさせていただいてよろしいですか?」と言いました。「どうぞ」と言うと、入り口前の砂利の上にひれ伏して、お祈りを始めたのです。その姿を見て、涙が出てきました。どうして他人のためにここまでできるんだろう、と思いました。

「どこか具合の悪い所はありませんか？」と聞かれ、病気のことや、膝の曲がらないことを話すと、膝に手を当ててお祈りをしてくれました。とても温かく感じました。

その青年は数日後にも来てくれました。そして、三度目に来た日の夜、寝ようとすると、「もう膝は痛くないよ」「もう膝は痛くないよ」と二度、女の人の声が聞こえてきたのです。私は特別なことと思わず、その夜は眠りました。

翌朝、目が覚めたときに何となく膝の感じが違うので、ゆっくりゆっくり曲げてみました。そして、お尻も下ろしてみました。「正座ができた。信じられない！」。ゆうべの声は何だったのだろう、と思いました。

二、三日して青年さんが来てくれたとき、「あの夜、『もう膝は痛くないよ』という声が聞こえて、朝起きてみると膝が曲がったんですよ」と話すと、びっくりしながらも、「それは教祖のご守護だと思います」と言いました。そのとき初めて、彼が天理教の布教師で、「布教の家」埼玉寮の寮生だということを知りました。その後、何回かお祈りをしてもらい、散歩に行けるようになりました。

しかし彼は、三月には大阪へ帰るとのことでした。私は、その青年に感謝の気持ちはありましたが、そのときはまだ天理教を信仰するようになるとは思いもしませんでした。しばらくして、二つ目の不思議がありました。三十年ぶりに会った友達から、娘さんが天理教の布教所へ嫁ぎ、自分も信仰を始めたということ、そして、おぢば帰りというものがあることを聞かされました。彼女は、私をおぢば帰りに誘いました。半年ほど断り続けていたのですが、「観光気分でいいから」と言われ、とうとう行くことにしました。

それだけ渋っていたにもかかわらず、私は天理に着くなり、その澄んだ空気と、心が癒《い》やされる感じに、一度で天理が好きになってしまいました。あの青年さんとも二年ぶりに再会しました。「神様のお話を聞いてもらえますか?」と言われ、聞かせていただきました。それが別席だと後で知りましたが、教祖のひながたを知って、感動の連続でした。天理教の「て」の字も知らない私には驚きでした。

それから二カ月が過ぎ、どうしても天理へ行きたくなって一人で出掛けました。迷いながらも詰所に着くと、ちょうど、あの青年さんがいたのでホッとしました。これから一生懸命に信仰しようと思っていた矢先、彼が四国にある大教会で一年間、住み込みでつとめると聞かされて、なんだか自分がほったらかしにされるように思い、それからは「天理教をやめる」とか、「天理教を知らなければよかった」などと、いま思うと本当に申し訳ないような不足不満を、手紙や電話でぶつけて困らせていました。

でも、そんなとき、三つ目の不思議が起きたのです。私の新住所へ、新しい寮生さんが一時間半も歩いて訪ねてきてくれたのです。しかも、理の親と同じ名前でした。大教会で伏せ込み中の青年さんと会えないなか、全く同じ名前の別の寮生さんが見えたという不思議。教祖のお取り計らいとしか思えません。

彼は、悩んでいる私の相談に乗って、おさづけも取り次いでくれました。しかし、ここでまた俗人の私は、所属教会を変えたいなどと不足をこぼしました。メソメソしている私に、彼は「そんなことでは人をたすけられませんよ。理の親を喜ばせてあげてくださいい」と言いました。私は自分のダメさ加減を感じながらも、そう言ってもらえることに感謝しました。その青年さんも、翌年三月に長崎へ帰っていきました。

私は平成二十六年二月から再び別席を運び、十月の大祭前に、おさづけの理を拝戴《はいたい》しました。理の親の青年さんに「もう少し早く天理教に出会えたらよかった」と話すと、

「いまが旬なんですよ」と言われました。七十歳で、いまが旬。なんと素晴らしいことでしょう。

教会の何人かが私のおさづけを受けてくださいました。そして地元へ帰ると、天理教と関係ない友達からも「おさづけ、お願いします」と言われ、取り次がせていただいています。

「にをいがけもしていないのに、こんなのでいいのかな」と思いますが、理の親の青年さんは「いままで種を蒔《ま》いてきたんですよ」と言ってくれました。悔し涙しか流さなかった私が、人さまからの「ありがとう」で涙するようになりました。「心が澄んだからですよ」との言葉に、またまた嬉《うれ》し涙です。このような心に変えてくださった親神様・教祖に、感謝の心でいっぱいです。

「七十にして旬」。この心を忘れないよう、人さまのおたすけをさせていただいていくつもりです。

喜べば喜びごとが…

世登幸恵（よとう・ゆきえ）
教会役員・90歳・兵庫県

私は子供六人、孫十八人、曾孫《ひまご》七人を与えていただきました。みな健在です。教会で、会長である長男と一緒に暮らしています。野菜を作り、絵手紙教室を楽しみ、穏やかな日々を送っています。子供が生まれても育てる徳がなかった、わが家のいんねんを思えば、こんな生活ができるなんて想像すらできませんでした。

姑《しゅうとめ》は、四人の子供を次々と亡くし、そのうえ三歳の子供が肺炎にかかり、「明日までの命」と言われたとき、天理教の門を叩《たた》きました。そこで会長様から「吹く風が強ければ、双葉は飛んで逃げてしまいますよ」――言葉がきつければ、子供ができても飛ばされてしまう——と聞かされ、胸を打たれたそうです。

それまで姑は、夫のすること、なすこと、すべてが気に入らず、夫婦間の言い争いが絶えなかったそうです。それまでの自分を反省し、心を入れ替え、「もう、けんかはしません」と誓った翌日に子供の熱が下がるという奇跡を目の当たりにしました。それからは、会長様に言われるまま、人が止めても笑っても教えを求め、道一条に通りました。

そのとき命をたすけられた子供が、私の夫です。私の姉と同級生で、姉はクラス会のときに「戦地で死線を三度くぐり抜けて帰ってこられたのは、神様と母の信仰のおかげ」と喜んで語る夫の姿に感銘し、この人ならと、私に引き合わせてくれました。

私自身は母からの信仰です。娘時分に妹の事情のご守護を願って、会社を辞めて修養科に入りました。

嫁ぎ先では、新婚当時から毎夜、姑と夫は神様の話ばかり。信仰していなければ命がなかったと、いつも言っていました。

夫は屋根の瓦《かわら》下に敷くささ板職人で、弟子も取っていましたが、結婚五年目に道一筋に通る覚悟を決めました。布教道中の苦しいなか、時に働こうとすることもありましたが、そんなときは必ず、子供に身上を見せられました。その都度、教会へ運び、心得違いをお詫《わ》びして、自分には神様の御用があるのだと再確認するのでした。

夫はこの信仰のおかげで、五十八歳まで命をお借りすることができました。口癖は、「いまを楽しめ。今日一日を明るく暮らそう」でした。出直しの後、医者から「この肺で、いままで生きてこられたのは不思議。標本にして残したい」と言われ、肺の一部が神戸大学に保存されています。

私自身は、若いころ「いまを楽しむ」ことができませんでした。そのことを自覚したのは、あるおぢば帰りのときです。当時、お金がなくて生活が大変でも、天理へはよく帰っていました。

ある夜、連れていった三歳の娘が腹痛を起こしました。かんろだいに参拝しても泣きじゃくります。「憩《いこい》の家」で診てもらい、翌日も連れてくるように言われましたが、私はそのまま事情部へ向かいました。

布教師の妻として通っていても、喜べない日もあり、勇ませてもらおうと思っておぢばへ帰ってきたのに、子供の腹痛でてんてこまい。応対してくださった先生に、自らの道中をありのままお話ししました。

先生は、私が話し終わると開口一番、「あなたは他人の通れん道をよく通ってこられたけれど、あなたには喜びがない。もっと喜びなはれ」と。私の心をグサッとえぐるひと言でした。

先生のおっしゃる通り、それまで「なんでこんなに苦労ばかりせんならんのや」と思い続けて通っていたのです。これからは喜んで喜んで、喜びまくろう、と決めた瞬間でした。

初めのうちは、喜ぼうと意識的に努力していましたが、いつの間にやら「嬉《うれ》しゅうて、嬉しゅうて」と、自然に言葉が出るようになりました。不足不足と思っていては不足になりますが、喜べば喜びごとがやって来ることを、いまも信じて通っています。

以来、なんでも人のために動くことを心に決め、日々守って暮らしてきました。この素晴らしい〝陽気ぐらしのキーワード〟を毎日繰り返しながら通らせていただきますと、不足の心など少しも起こりません。天理の道につながらせていただいている者には、絶対安心の境地が示されていると信じます。そして、おつとめこそが神様に受け取っていただけるすべての元であると思います。

日々のおたすけの苦労のなかにお見せいただく不思議なご守護に、「ああ、教祖が存命でお働きくださされているのだ」と、慕わしく実感させていただいています。

嬉しく楽しく

美馬孝俊（みま・たかとし）
教会長・68歳・ハワイ

昭和二十二年、私は戦後のベビーブームに生まれた、いわゆる団塊の世代である。教祖八十年祭の年に天理高校を卒業し、大阪の大学へ進学して電気工学を専攻。昭和四十五年、大阪で万国博覧会が開催された年に大手企業に入社した。

教会長子弟だったので、「とりあえず数年、会社勤めをしたい」と父に言ってサラリーマンになり、研究開発が面白くて仕事に没頭していった。

しかし、三年目に入ったころから仕事に物足りなさを感じ始め、このままサラリーマンを続けるか、それともお道の御用を優先するか、迷いが出てきた。そんなある日、理の親と父から「海外布教に出てはどうか」と勧められ、「切り替えの旬が来た」と受けとめて会社を辞めた。

お道と縁のなかった家内も、会社を辞めて修養科に入ってくれた。修了後に結婚式を挙げ、海外布教に赴いた。新婚旅行は行かないと決めた。持ち物はスーツケース二個と手荷物だけだった。

一年間、ハワイ伝道庁で伏せ込ませていただいた後、外に部屋を借りて、家内と一歳の長女と三人家族での布教生活が始まった。毎日布教に歩いたが、にをいは一向に掛からなかった。

そんななか、節は訪れた。私は、将来の道の後継者となってもらうべく、子供を五、六人授かりたいと思っていた。しかし、二番目の子供が家内のお腹《なか》に授かった喜びもつかの間、三カ月目で流産したのだ。節はさらに続き、三番目、四番目の子供も流れた。

「ご守護ばかりを願う心はほこりだよ。いまはしっかり理づくりをせよ」と、親神様から叱咤《しった》激励のお仕込みを頂いたのだと受けとった。この節を生き節にしようと誓い、以来〝一日生涯〟の言葉を胸に、布教に歩き続けた。

やがて五年の歳月が流れ、次女を授けていただいた。嬉《うれ》しかった。ところが、一歳の健康診断のとき、心臓に穴があいていることが分かった。医者から「成長するうちに、自然に塞《ふさ》がるかもしれないが、もし塞がらなければ手術することになる」と言われた。またもや節をお見せいただいた。「まだまだつとめが足りないよ」とのお仕込みだと思った。いろいろさんげをさせていただき、にをいがけ・おたすけに、もっと心を込めることを神様に誓った。

そのような節を頂きながらも、三女、長男、四女と、次々に授けていただいた。同時に、親としての責任が重く肩にかかってきたが、「神様にもたれて成人への道を歩み続けていれば、それでいいんだ。全く先は見えない。結果は神様の領分で、すべてをお任せすればいいのだ」と、自分に言い聞かせた。

月日は流れ、ハワイへ渡って十七年が過ぎた。家族の将来を考えると、ハワイに永住すべきか、あるいは日本に帰国すべきか、悩んだ。

そんなある日、交通事故に遭《あ》った。ホノルル市内に向かうフリーウェイで、渋滞のため中央車線で一旦停止していたところ、そこに後方から車が衝突し、車五台の玉突き事故になったのだ。幸い、重傷のけが人はなかった。私はむち打ち症で、首や肩が痛くなったり固くなったりしたが、それでも親神様が大難を小難にしてくださった。

またもや節を頂いて、私はあらためて歩むべき道を思案した。そして、二つのことを心に定めた。一つは、ハワイ永住を決断し布教に専念すること。もう一つは、教会を設立させていただくことだった。

心定めはしたものの、先は見えない。ある日、外出していた私に、家内から「長男が交通事故に遭った。すぐに帰ってきてほしい」と、震える声で電話があった。交差点で左折しようとした長男の車に、直進してきた車が衝突したのだった。フロントガラスは粉々に割れて車内に飛び散り、その一部が長男の頭にも刺さっていた。長男は救急車で病院へ搬送された。しかし今度も、親神様が大難を小難にしてくださり、命をたすけていただいた。

同じ年、理の親がご巡教くださり、「大教会の創立百十周年に向けて、教会設立を心定めするように」と声をかけてくださった。またとない〝旬の声〟に素直に沿って、より一層にをいがけ・おたすけに奔走し、二〇〇一年四月に設立のお許しを頂き、奉告祭を勤めさせていただいた。親神様・教祖の慈悲深きお導きを頂くなか、二十八年目にして小さな種が芽生えたのだった。

海外布教に飛び出てから、今年で四十三年目を迎える。父と母が晩年にハワイで、自らがたどった六十年余りの道中を振り返りながら、「次々と節を見せられるなかも、ああ結構やなあ、ありがたいなあと、節を喜ぶ歩みのなかで成人させていただけた」と、熱く語ってくれたことがある。その言葉にどれだけ勇気づけられただろうか。

教祖百三十年祭を目指し、教会長として三年千日の道を通らせていただける喜びを味わいながら、いま嬉しく楽しく日々を歩ませていただいている。

いまが人生の旬

瀬谷園江（せや・そのえ）

教会長夫人・70歳・静岡県

七十にして、いまが一番楽しく嬉《うれ》しい日々を送らせていただいています。あちらから「会長さん、退場！」の声が、大きな笑い声とともに聞こえてきました。

昨年七月、一年間の宅老所を経て、認可を受けてデイサービスをさせていただいています。先ほどの声は、どうやら七十二歳になる会長が、利用者のお年寄りと脳トレをやっていてつまずき、「退場」と言われたようです。

スタッフか利用者さんか区別しにくいのが、このデイサービスの日常です。スタッフ七人のうち、七十歳以上が五人います。スタッフに教友が何人かいるので、慣れない脳トレの先生をやっている会長を芯に、大笑いの毎日です。まるで大きな一つの家族のよう。ここへ来ると、大学の教授だった人も、製薬会社の副社長だった人も、農家のおばあさんも、みんな兄弟姉妹のようです。

十八年前、大きな節を与えていただきました。当時、大学生だった長男が、修養科を了《お》えて帰ってきた翌日に倒れました。三十四分間の心停止でした。蘇生《そせい》はしましたが、その六カ月後に意識は戻らないまま出直しました。

たくさんの教友に、毎日おさづけを取り次いでいただきました。なんとかたすけていただきたいと、私たちも、毎日にをいがけに歩かせていただきました。夫婦で道の右と左に分かれて、毎日歩きました。

ある日、この世の不幸を一身に背負ったような男の人が前から歩いてきました。主人も、ひどく疲れた不幸そうな女の人が前から歩いてきたと思ったそうです。これが私たち夫婦の姿でした。節を〝喜びの種〟と悟り、成ってきたことを喜ぶことは、当時の私たちにはできませんでした。

意識のないまま入院が長くなったので、ほかの病院を探すように言われ、「憩《いこい》の家」

病院の元院長である山本利雄先生を訪ねました。先生は様子を聞き、すぐに「憩の家」に電話してくださいましたが、三十四分間の心停止では無理だとおっしゃり、出直しの教理を勉強するようにと話してくださいました。しかし、未熟な私は「まだ生きているのに出直しとは」と、素直に聞けませんでした。

息子が出直した月の二十七日の朝、西礼拝場で先生にお会いしました。先生は、一度しかお会いしたことがないのに覚えておられました。私が「息子は今月、出直しました」と報告すると、先生は「そうか、かわいそうやったなあ」と、涙を流してくださいました。そして、私の手を取り「きっと先々、このことを喜べる日が来るからなあ」と話してくださいました。

会ったこともない息子のために泣いてくださった山本利雄先生。私は素晴らしい先生に出会えたと嬉しく思い、出直しの教理を勉強し直しました。このお道でなかったら、この教理を知らなかったら、この節は乗り越えられなかったと思います。先生のおっしゃった大節を喜べる日が、いまだと実感しています。

私の娘時代、実家の亡き父は、教会に参拝に見える方にはいつも「ご飯を食べていきなさい」と勧めていました。私が台所から「まだ時間も早いし、材料もないから困る」と言うと、「教祖はなあ、この屋敷に来た者は喜ばさずには帰されんとおっしゃったんや」と仕込んでくれました。そのおかげで、私は料理が大好きになりました。

いまは港に行くと、定置網で獲《と》れた生きた魚が安く買えますし、近所の方が野菜を作って届けてくださいます。

おかげで、テーブルに並びきれないほど料理ができます。コーヒーも、おいしいものを豆から挽《ひ》いて出します。おやつもケーキも全部手作りです。一人暮らしの方には、帰ってから世話がかからないようにと、夕食のお弁当を持ち帰ってもらいます。こんなデイサービスはほかにはないと口コミで広まり、いつも定員いっぱいです。

認知症と診断された方も来ていますが、前より心も身体《からだ》も若くなっているように思います。毎日みんなでおいしく食事をして、大きな声で笑って過ごすことが、認知症予防に一番だと思います。

いまが本当に人生の旬だと心から感じています。七十歳になって介護福祉士の国家試験に合格し、良いスタッフにも恵まれて、教祖に背中を押していただいているように感じます。

ようぼくのつとめをしっかり果たすなかで、いつの日か息子に「おふくろ、頑張ったな」と言ってもらえるように頑張ります。あの人生の節があったからこそ、いまの素晴らしい旬を迎えられたのだと思います。

年祭が〝わが事〟に

潮ハルミ（うしお・はるみ）
無職・70歳・福岡県

教祖八十年祭以来、五つの年祭を経験し、そして百三十年祭を来年一月二十六日に迎える今年、私は七十歳にして初めて、年祭に向き合う旬が身近に思えるのです。

これまでの年祭は、教会が、あるいは熱心な布教師の方々が、私を引っぱっていってくださるように感じていました。でも今回は、年祭を〝わが事〟として感じられるのです。あちらこちらでおさづけを取り次がせていただくとき、いつも「百三十年祭へ向かう今日、ようぼくとして、道の台・家庭の台として、つとめさせていただきます」と合掌しているからでしょうか。

この三年千日には、さまざまな出会いがありました。

あるにをいがけ先で、余命一週間と医師から告げられた男性と出会いました。「ご主人の病気が良くなりますよう、お祈りをさせてください」と奥さまにお話しして、おさづけを取り次がせていただくことができました。そのとき私は、胸が詰まるほど嬉《うれ》しくなり、教祖にお礼を申し上げました。

それから四カ月半、毎日のように、奥さまを車に乗せて病院へ通いました。しかし、そのうちガソリン代も気になり始め、奥さまの便利屋になったようで、本当にこれでいいのだろうかと心に迷いが出てきました。

そんなとき、『天理時報』の記事のなかの「教祖に喜んでいただけるように」という一文が目に止まりました。「ああ、そうだ。教祖にお喜びいただくためには、どうすればいいのかを考えればいいのだ」。そう思い直した私は、次の日、奥さまに「病院へ行く前に、わが家に寄ってご主人のたすかりを願う、おつとめを一緒にしてくれませんか？」とお話ししました。以後、おつとめの練習をしてくださるようになりました。

残念ながら、ご主人はそれから二週間後に出直されました。しかし、あと一週間の命と告げられたにもかかわらず、それから四カ月余り、命をお借りすることができたのです。おつとめとおさづけの尊さを、あらためてこの旬に教えられました。ご主人の身上を通して、奥さまがおつとめをしてくださるようになったことも、ありがたいことでした。

結婚前の職場で一緒だった友人のMさんは、八年前に肺がんを患いました。なんとか神様につながってほしい一念で、私は福岡から、横浜にいるMさんに「おぢばで会おうね」と言って、別席を運んでもらっていました。しかし、中席の途中で再発し、いまはもう歩けない状態で入退院の日々です。年に一度は横浜へ行き、痩《や》せこけた背におさづけを取り次ぎ、朝夕のおつとめでも、Mさんのたすかりをお祈りしています。Mさんも、福岡にある教会の月次祭の日には、早朝に〝電話での参拝〟を続けてくださっています。

先日、会長さんが関東方面へ巡教される機会があり、私はぜひMさんの所へ、おたすけに行ってほしいとお願いしました。そのことをMさんに伝えると、「来てほしくない。

あなたとの関係もおかしくなるよ」との返事でした。先方の意思を確認せず、事を進めた私の早とちりでした。

会長さんは、最寄りの駅の近くの公園でお願いづとめをしてくださり、「また、おぢばでお願いさせていただきますよ」と電話を下さいました。関東巡教を終えたのち、おぢばへ向かわれるとのことで、重ねてありがたいことでした。

配慮が足りず申し訳なかったとMさんに謝り、神様にもお詫《わ》びをしました。

神様は、私の高慢な心を、いつも気づかせてくださいます。結婚前の職場で、そろばんの下手《へた》な私をかばい、デートのときには洋服を貸してくれるなど、陰になり日なたになって守ってくれたMさんと、これからもしっかりつながっていきたいと思います。

もう一人、おさづけの取り次ぎに通わせていただいている方がいます。八十三歳のNさんは、自宅で死を迎えたいと希望されていて、奥さんもそうしてあげたいとの思いです。とても亭主関白な方ですが、奥さんの手引きでおつとめをされるようになり、神様のご守護を信じてくださるようになりました。以前は、病院へ行かないのは奥さんの意思であるかのように身内から非難されていましたが、お道の教えを知って穏やかになったNさんの姿を通して、周囲の理解も深まってきたように感じています。

おさづけの取り次ぎに伺いますと、いつも岡田正彦先生の『おやのことば　おやのこころ』(道友社きずな新書)のなかの何編かを、Nさんに選んでいただいて読ませてもらい、共に陽気ぐらしの糧《かて》とさせていただいています。Nさんに代わって、奥さんと二人でおぢば帰りをさせていただいたことも、とてもありがたいことでした。

私はいま、私自身をはじめ、関わっている方々が一人でも多く、親神様・教祖の切なる親心が胸に治まって、生かされて生きる支えとなるように、一日一日を大切に過ごしたいと考えています。

成人の句

永関晴男（ながせき・はれお）
教会長・65歳・山梨県

「おまえ、砂川《すながわ》に行ってくれんか」

父の言葉に、苦渋の決断と切羽詰まった思いを感じて、妻に相談し、北海道に行くことを決意した。昭和五十七年六月のことだ。

教祖百年祭を四年後に控え、教内が熱気を帯び始めたときだった。私はまだ三十三歳で、長男が三歳、長女が一歳、妻のお腹《なか》には三人目が授かっていた。青年会で先輩とともに布教巡回したことのある北海道ではあったが、小さな子供を連れての教会長就任は、正直言って不安だった。布教体験も少なく、果たしてやっていけるのか。しかも北海道の、雪深い砂川で生活できるのか。考え始めると心配や不安が募るばかりだった。

マイクロバスに引っ越し荷物を詰めて、家族で山梨を発《た》つとき、見送りの母は涙に暮れていた。いずれ北巨摩《きたこま》の地に戻ってくると分かっていても、遠い北海道での教会生活を思い、育ち始めた孫との別れが切なかったのだと思う。

大正時代に建てられた神殿と教職舎は古く、隙間《すきま》だらけだった。建て付けの悪い障子やガラス戸から吹き込む冷気が、布団をも冷やすことを体験したのは、冬の訪れを感じたころだった。暖房は石炭ストーブで、使ったことのない器具に慣れるまで何度も失敗した。煤《すす》の詰まった煙突を夜中に掃除することも度々だった。燃え尽きた石炭灰は、市が回収する日まで溜《た》めておく習わしだった。

自動車もなく、与えていただいた自転車で、何もかもが初めての見知らぬ町の信者宅を回った。初代会長時代の信者宅へと、クマザサの生い茂る山道を「まさか熊は出ないよな」などと思いながら自転車を押し、一時間以上かけて通ったこともあった。

砂川分教会のある空知《そらち》支部は活動が活発で、新年から路傍講演や神名流しをしているという話を聞いていたが、私もやらなくてはと思いつつ、心が動かなかった。

就任して二年目の正月二日のことだった。のんびり朝食をとっていると、石炭のある部屋の壁に火の手が上がっているのが見えた。驚いたが、すぐに水道の水で消した。壁伝いにのぼる火は、壁を焦がした程度で治まった。原因は、溜めていた石炭灰が徐々に熱を持って、ある瞬間に火を吹いたのだった。

すぐさま神殿へ走り、大難を小難にしていただいたお礼を申し上げた。もし寝ている時間帯だったら、もし留守にしているときだったら、きっと木造の建物は、消火活動も間に合わず全焼していたに違いない。「親神様・教祖、ありがとうございました。ぐずぐず、もたもたしている私の心に、燃えるような勇み心を与えてくださり、ありがとうございました」と心のなかで叫んだ。

「これはどんな節なのか、どういう親神様の思召《おぼしめし》なのか」と思案し、いままで悶々《もんもん》としていた心に火がついた。「とにかく外へ出ることだ」と、自転車に子供を乗せて、家族そろって砂川駅前へ行き、路傍講演をした。その後、家族で駅前へ行っては路傍講演をするのが日課となった。

会長として、滝川《たきがわ》、札幌、苫小牧《とまこまい》にある部内教会への毎月の巡教。上級である北巨摩分教会、甲府大教会、おぢばへの月次祭参拝。それに加えて、青年会甲府分会委員長としての御用もあり、月の約半分は留守にした。その間、教会を守ってくれたのが、妻と子供たちであった。わずかに残された生活費で、妻は、砂川で生まれた三人を含めて五人の子供とともに、懸命に年祭に伏せ込んでくれた。

妻にとっては、実母から聞かされた後妻のいんねんを、月の半分も留守にする夫を陰で支えることで切っていただけるのだと、「白紙に戻り一より始める」との真柱様の諭達を頼りに、真剣に歩んだ旬であった。また、陽気ぐらし講座で来てくださった先生から頂いた「身上や事情で果たすのではなく、神様の御用を通して果たす旬」とのお言葉を心に置いて通った四年半であった。

教祖百年祭を終え、弟と会長を交代して北巨摩分教会に戻った。あの大正時代の神殿は、平成二十三年の神殿建築で新しく生まれ変わった。弟家族もまた、あの古い神殿と教職舎で二十年以上生活した。

見知らぬ北海道の地での、わずか四年半の会長時代であったが、父とともに教祖百年祭の登殿参拝をさせていただいたとき、親の心に少しでも沿うことができ、喜んでもらえたと思った。

教祖年祭は、まさに成人の旬だと実感した月日だった。

節ごとに頂いた親心

三宅美穂子（みやけ・みほこ）
教会長夫人・64歳・岡山県

教祖百三十年祭に向かう〝仕上げの年〟は、私たち夫婦にとって結婚四十周年に当たります。

そうした節目の年に、夫が玉美《たまみ》分教会二代会長に就任することになりました。事情教会の復興の命を受けて以来十六年、初代会長と共にたすけ一条の道を歩んでまいりましたが、夫婦そろってお道の御用をつとめるという人生の旬を迎え、心から喜ばせていただいています。

思い返せば、夫の住む瀬戸内海の島へ私が中学校教師として赴任したのは、教祖九十年祭三年千日の〝門出の年〟のことでした。その翌年、島の子供たちの紹介で夫と出会い、私たちは九十年祭に向かう〝仕上げの年〟に結婚したのです。これが、キリスト教を信仰していた私が、お道との出合わせていただいた元一日でした。

教祖百年祭の旬には、実家の両親が相次いで病に倒れるという節を頂きました。母は脳出血、父は腎臓がんで、それぞれ危篤状態に陥《おちい》りましたが、そのたびに私は「生涯、神様の御用をさせていただきます」と心定めをして、おさづけを取り次がせていただきました。その結果、二人とも鮮やかなご守護を頂き、この節を通して、実家にもお道の信仰が伝わることになりました。

また、教祖百十年祭の旬には、夫の母が肝臓がんで余命二カ月という宣告を受け、その節から、わが家は布教所を開設することになりました。しかし、その母が出直しましたので、〝三年千日の〝仕上げの年〟である平成七年三月に、「諭達第四号」のなかの「仕切り根性、仕切り力、仕切り知恵」というお言葉通り、私は教師人生をここで仕切って、布教人生をスタートする決意をしました。

それから三年後の教祖ご誕生二百年の年のことです。思いがけないことに、わが家に事情教会復興のお声を頂きました。

復興に際しては、大変ありがたいことに、私の実家のすぐ近くにある元教会だった建物に入らせていただくことになりました。そのほかにも数々の不思議なご守護により、定めた日の一年後に、奉告祭を無事勤めることができました。

このようにして、玉美分教会としての教会生活は順調にスタートしましたが、その数年後、今度は、夫が養殖していたフグが赤潮で全滅するという、家業のうえの大節を頂きました。

教会をお預かりするようになって以来、私たち夫婦は、夫は島で仕事、私は教会に住み込んで教会の御用という生活をしていました。ですから私は、フグの全滅という現状を目の当たりにしたり、その後始末を手伝ったりすることはありませんでした。現場にいる夫は、さぞかし無念な思いであろうと察していましたが、夫は私にひと言も愚痴《ぐち》をこぼしたり、弱音を吐いたりすることはありませんでした。だからこそ私は、この節を夫とともに乗り越えていこうと思い直したのです。

こうしたなかで家庭の経済状況も厳しくなり、教会の電気や水道やガスがストップするかもしれないという、ぎりぎりの生活がしばらく続きました。また、四人の子供のうち三人は、大学、高校と、まだまだ親の援助が必要な時期でしたが、どの子も自分にできることを苦心して頑張ってくれました。このような道中を、家族が明るく勇んで通ることができたのは、なんといっても教祖のひながたのおかげです。節を乗り越える日々を通して、子供たちもお育ていただいたと嬉《うれ》しく思いました。

こうした事情も落ち着き、ようやく教会らしくなってきたと思われた六、七年前のことです。

私は、実は先天性股関節脱臼《こかんせつだっきゅう》という身上を持って生まれました。幼いころに治療していただき、普通に元気に動き回れていましたが、次第に痛みを感じるようになり、歩行困難になってきたのです。

「このままでは、教祖百三十年祭の旬に御用をつとめることができないかもしれない。なんとかお使いいただきたい」という思いで、痛みをこらえつつ御用に励ませていただいていました。

そのような折、人工関節置換手術の名医と偶然に出会い、両足の股関節の手術をしていただくことになりました。おかげで、これまで以上に歩くことができ、教祖百三十年祭に向かって陽気に勇んでつとめさせていただいています。

いま、私たちは教会長夫妻として、たすけ一条の道を歩ませていただく〝人生の旬〟を迎えました。節ごとに頂いた親心を忘れず、生涯ご恩報じにつとめさせていただきます。

卒寿のおたすけ

笠間栄子（かさま・えいこ）
元豆腐製造卸小売・92歳・宮城県

去る四月十七日、教祖誕生祭参拝と婦人会総会参加のため、仙臺《せんだい》大教会から大型バスでおぢばへ帰らせていただきました。午前七時に出発、十三時間の長旅でした。

高速道路を走る車窓からの景色は素晴らしく、マイクを持ってカラオケを楽しんだり、信仰体験に耳を傾けたりしながら、おぢばに到着しました。

就寝前、車中で体験談を披露された二人の方が同室でしたので、お願いしてさらにお話を伺い、すっかり感激しました。七十年前にこのお話を聞いていたら、私の人生も変わっていたに違いないと思いました。

一人の方は、結婚するときに相手から「天理教をとるか、私をとるか」と迫られ、はっきりと「天理教をとる」と答えたそうです。それでも相手の方は求婚され、信仰に入ってくれたそうです。

私は最初から間違った道を歩んでいたのです。そのために両親と夫、子供たちにも心配をかけました。未信仰の夫を養子に迎えたので、親の信仰をだんだんと分かってもらうつもりで、私はこっそり教会に参拝していました。いま思うと、なぜ、はっきりと「天理教を信仰しています」と言えなかったのかと悔やまれます。自分が蒔《ま》いた種ではありますが、一生苦労しました。

とは言いましても、私にとっては申し分のない夫で、「朝起き・正直・働き」を地でいく生き方をした人ですが、私の心得違いで苦労をかけました。出直してから十四年が経《た》ち、いま、お詫《わ》びをしています。

顧みると、教会の屋根の葺《ふ》き替えをする際、実行委員長になって勇んで尽くしてくれたこともありました。でも、私に対しては、参拝に行くのを喜びませんでした。

そんななか、子宮がんになった友人が、抗がん剤治療の後遺症で足が棒のようになり、泣き暮らしていました。お道の話を伝えても受け入れられず、友達付き合い自体が駄目になりそうだったので、おたすけの経験が豊富な八十歳の母に頼んで、共におたすけに行かせていただきました。母は、熱心に親神様・教祖のご恩を話し、おさづけを取り次いでくれました。

友人は目に見えてご守護を頂かれました。ようやく歩ける状態になったころ、私が付き添って汽車でおぢばへ向かいました。神殿に二人で参拝したときは、感激で涙があふれました。二泊してすっかりご守護を頂きました。彼女の喜びようを見るのが嬉《うれ》しくて、二人で涙しました。その後も、彼女とは仲のいい友達で、八十五歳まで元気でした。

いま私は卒寿を過ぎ、布教からは遠のいていますが、かつての知人で七十代の女性がリウマチで苦しんでいると聞き、お宅へ伺いました。ご主人の手を借りて起き、椅子《いす》に掛けても痛くて、動くのもやっとの様子でした。早速、「私の母も産後にリウマチになり、医者に見放されたところ、隣人から天理教の話を聞いて熱心に信心し、四十日ですっかりご守護を頂きました。その後、九十歳の天寿を全うするまで、一度も再発しませんでした」と話すと、快くおさづけを受けてくださいました。

三日が過ぎて再び伺いますと、おかげさまで歩けるようになったと喜んでくださいました。さらに三日後に伺うと、久しぶりに隣家へ歩いていってきたと笑顔で言われます。お茶飲み会にも数カ月ぶりに顔を出し、皆びっくりしていたとのことでした。この句におたすけをさせていただけることが嬉しくて、親神様・教祖にお礼を申しました。

その足で、もう一人の気にかかっている方の家に寄り、顔色が良くない理由を聞いてみると、身体《からだ》の具合が悪くて医者に診てもらったが、どこも悪くないと言われ、不安で仕方がないと言います。「きっと良くなりますよ」と言って、おさづけを取り次がせていただくと、すーっと気持ちよくなったとのこと。明るい顔になったので、おぢば帰りの約束をして帰りました。三日後に伺うと、大変良くなったと喜んでいました。

おかげさまで足も腰も、どこも痛いところはなく、この句に勇んでおたすけに出させていただいています。

朝起きると、親神様、教祖、祖霊《みたま》様に感謝し、今日一日を楽しく勇んで通らせていただくことをお願いします。そして、来《きた》るおぢば帰りを楽しみに過ごさせていただいております。

素晴らしい贈りもの

横山正純（よこやま・まさずみ）
前教会長・89歳・東京都

教祖四十年祭の年（大正十五年）に、東京深川《ふかがわ》の常磐《ときわ》支教会（当時）で生まれた。今年八十九歳になる。昭和十九年、天理中学校（五年制の旧制中学）を卒業後、早稲田大学（政治経済学部）に進学、二十五年の三月に卒業した。

教祖七十年祭の翌年、昭和三十二年十月に三代会長を拝命した。そして平成二年一月、教会長を辞任して深川信者詰所主任を拝命し、二十一年に及ぶおぢば生活の後、いまは東京の自教会に戻っている。この間、今日まで六度の教祖年祭に参拝させていただき、今回の教祖百三十年祭で七度目を迎えるが、目下、大きなありがたい「人生の節」をお連れ通りいただいている。

思い返せば平成十五年、七十七歳の年、生まれて初めて「憩《いこい》の家」病院へ胆管結石で入院した。それまでほとんど病気をせず、医者・薬とも無縁であったので大いに驚いた。その後は、約十年にわたって入退院を繰り返した。

そして平成二十四年七月、八十六歳のとき胃がんを発症し、手術することになった。入院に際して、大教会長様から「親神様・教祖にしっかりもたれて通るように」とお諭しを頂き、身上かしもの・かりものを深く思案して真剣に心定めをさせていただいた。

手術に先立って、主治医から「高齢の開腹手術ゆえ、実施するか否かは家族でよく相談して決めるように」と話があった。そこで、家族とともに医師に質問した。

「手術も抗生物質の治療もせず、このままただ治療を続けたら、余命はどのくらいでしょうか？」

「まず一年くらいかと思います」

「手術が成功したらどうでしょうか？」

「おそらく五、六年は大丈夫でしょう」

この言葉を聞いて、家族一同の心が定まった。

「五、六年余命を延ばしていただければ、教祖百三十年祭に参拝させていただける。親神様・教祖にしっかりもたれきって通らせていただこう」と、家族一同談じ合いのうえ、さらに深く心を定めた。

おかげで、六時間に及ぶ手術を無事に終え、主治医も驚くほど順調に回復するご守護を頂いた。

めへ〳〵のみのうちよりもしやんして
心さだめて神にもたれよ　四 43

どのよふな事をするにも月日にて
もたれていればあふなけハない　十一 38

と、おふでさきにお教えいただく通りである。

大教会長様は、さらに「大教会の年寄りたちの模範になるように」と重ねて諭された。そんな大それたことはできないけれど、教祖百三十年祭までの三年千日、大教会への日参を心定めさせていただこうと考え、「諭達第三号」をご発布いただいた直後の十一月一日から今日まで、二年余りつとめさせていただいている。

この日参を唯一の「寿命ぐすり」と心得て、三年目となる〝仕上げの年〟も勇んでつとめられるよう、日々お願いをしている。

そして教祖百三十年祭には、親しくご存命の教祖にお目にかかり、このたびの「人生の節」「おたすけの旬」をお教えいただいた喜びとともに、この素晴らしい贈りものを下された親心に心からお礼を申し上げたいと、いまからその日を楽しみにしている。

あとがき

教祖百三十年祭の記念出版として、今年二月から六月にかけて「人生の節・人生の旬」をテーマに手記を募集いたしました。

応募された方のなかには、自らの人生を振り返って、信仰の元一日となった出来事や、これまでに体験したさまざまな旬や節について書かれている方もあれば、現在迎えている教祖百三十年祭活動の旬に節をお見せいただいたことから、そこに込められた親神様の思召《おぼしめし》を悟り、懸命にたすけ一条の道を通っておられる方もあります。

年祭に向けての心定めや決意も述べられていますので、出版の時期を早めて〝仕上げの年〟の年内に刊行させていただく次第です。

この本を読まれた皆さまが、これまでの信心の歩みを顧みるとともに、これからも進んでゆくこの道に間違いはないとの確信と、どんな困難なななかも親神様・教祖にもたれて通りきる勇み心を、少しでも強めていただければ幸いです。

立教一七八年九月

編　者

人生《じんせい》の節《ふし》 人生《じんせい》の旬《しゅん》

立教178年(2015年)11月1日　　初版第1刷発行

編　者　天理教道友社

発行所　天理教道友社
〒632-8686　奈良県天理市三島町1-1
電話　0743(62)5388
振替　00900-7-10367

TENRIKYO DOYUSHA

印刷所　株式会社天理時報社
〒632-0083　奈良県天理市稲葉町80

ISBN978-4-8073-0594-0
定価はカバーに表示